묘한 철학

신승철 지음

네 마리 고양이와 함께하는 18가지 마음 수업

묘(猫)한 철학

신승철 지음

흐름출판

프롤로그

네 마리의 반려묘들이 알려준 생명과 사랑의 철학

저희 부부가 같이 만든 문래동 연구실 '철학공방 별난'에는 '대심이', '달공이', '모모', '또봄이'라는 네 마리의 고양이가 살고 있습니다. 이 공간을 방문하는 손님들로부터 인기 만점인 고양이들입니다. 고양이 넷과 집사 둘로 이루어진 대가족이다 보니, 매일이 다사다난하고 일상이 사건의 연속입니다. 고양이와 함께 사는 집이 대개 그렇듯 여행 한 번 쉽게 갈 수도 없고, 집사 노릇을 아무리 열심히 해도 좀체 만족감을 표시하지 않는 주인님들을 모셔야 하는 것도 사실입니다. 그러나 이 '별난 고양이들('특별한 고양이들'이라는 의미와 '철학공방 별난의 고양이들'이라는 의미 두 가지가 모두 담겼습니다)'이 발라당 하고 갸르릉 대고 꾹꾹이라도 한 번 해주면, 그것으로 저희 부부의 일상은 기쁨과 행복으로 꽉 들어차곤 합니다.

'철학공방 별난'이 처음부터 그랬던 것은 아닙니다. 별난 고양이들이 들어오기 전, 저희들이 꾸려가던 공간은 상당히 무미건조한 인문학 공간이었지요. 당시에 저는 이론상으로만 생태철학, 생명철학, 동물권 등을 공부하고 있었지, 현실에서 고양이들과 함께 어울려 살리라고는 꿈에도 생각하지 못했습니다. 그러던 중 일단의 사건이 일어났습니다. 저희 연구실 주변의 아프고 고통스러워하던 길냥이들을 하나둘 안으로 들이면서 지금은 식구가 자그마치 넷이나 더 늘어나 버린 것이지요. 그리고 그것은 제가 살면서 제일 잘한 일이라고 생각합니다.

현실에서 동물과 함께 산다는 것은 이론으로 알던 동물권, 생명철학과는 많은 차이가 났습니다. 그것은 먹고, 싸고, 싸우고, 사랑하고, 질투하는 일상을 살아가는 입체적인 동물과의 접촉이었지요. 네 마리의 고양이들과 매일을 부대끼다 보면 왠지 고고한 인문학의 세계에서 돌연 현실의 세계로 내려온 기분이었습니다. 그리고 그런 느낌이 싫지만은 않았습니다.

이 책은 2020년 여름에 쓰였습니다. 맨 처음 편집자가 찾아와 고양이에 대한 철학서를 제안했을 때, 저는 상당히 고심했습니다. '고양이와 함께 하는 철학 수업'이라니, 좀 당황스러웠지요. 제가 경험한 바에 따르면, 고양이들은 가족처럼 늘 거기에 있는 존재들이고, 그들과 인연을 맺은 것은 어떤 설명이 필요한 일이 아니었기 때문입니다. 가족을 사랑하는 것은 이유가 있거나 논리적으로 설명할 수 있는 차원의 일이 아니라 그냥 당연한 것이니까요. 하지만 그날부터 저는 조금 멀찍이서 고양이들을 관찰하기 시작했습니다. 그렇게 얼마간의 시간이 지나고 나니, 저희 연구실에 사는 네 마리의 별난 고양이들에게 철학책이 나오고도 남을 만한 심오함과 깊이, 잠재성이 충분하다는 사실을 금방 깨달았습니다. 별난 고양이들 각각은 세상에 단 하나밖에 없는 존재이고, 늘 개성 넘치는 일상을 살고 있기 때문이었습니다.

돌이켜보니 이들과의 첫 만남부터 그랬습니다. 저를 집사라는 세계로 인도한 제 인생 첫 번째 고양이 대심이, 만나자마자 발라당을 선보였던 달공이, 늘 아픈 손가락 같은 모모, 비록 외눈이지만 그 안에 세상 모든 것에 대한 호기심을 담고 있는 또봄이. 지구별에서 이런 별난 고양이들과 인연을 맺은 것은 적잖은 행운이구나 하는 생각이 들었습니다.

이 글을 쓰는 과정은 별난 고양이들의 무수한 방해 공작을 성공리에 방어하는 가운데에 이루어졌습니다. 대심이는 늘 클래식 음악을 들으러 제 책상 위까지 원정을 와서 하필이면 키보드 앞을 떡하니 차지했고, 달공이는 제가 글을 쓰는 내내 저의 무릎 위에서 잠을 잤습니다. 모모와 또봄이는 우다다를 하면서 저의 집중력을 흐트러트렸습니다. 그러나 저는 별난 고양이들의 계속되는 방해 공작에도 굴하지 않고, 방해를 했던 바로 그 고양이들에 대한 글을 썼습니다. 네 마리의 별난 고양이들로부터 제가 새삼스레 되새기게 된 생명과 사랑의 철학에 대해서 말이지요.

이 책이 캣맘 역할을 하고 있는 많은 시민 활동가들과 반려동물과 함께 살고 싶어도 그러지 못하는 많은 랜선 집사들에게 널리 읽혔으면 좋겠습니다. 그리고 강아지나 고양이들과 친구가 되어 자신의 어려움을 털어놓으며 아기자기한 이야기를 만들어 가는 중인 청소년들에게도 읽히면 좋겠습니다. 더불어 생명 살림, 생명철학, 생태철학을 연구하고 싶은 수많은 동물보호 활동가들에게도 작은 보탬이 되었으면 하는 바람입니다.

차례

3부 _ 함께 TOGETHER
고양이에게 배운 미래의 희망

1부

영원ETERNITY

고양이에게 배운 행복의 의미

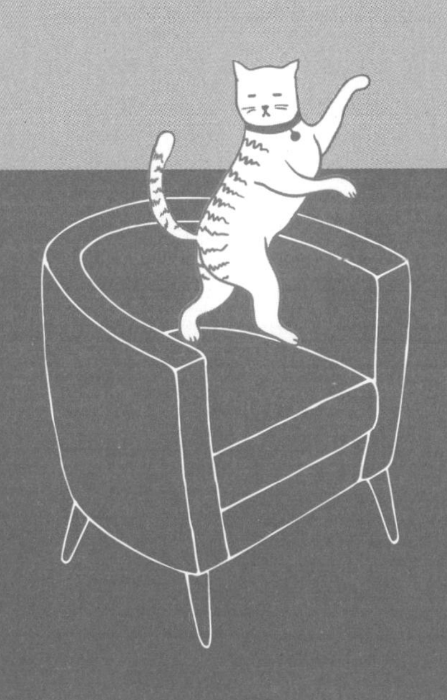

Lesson 1

내가 나를 돌본다는 것

•

자기통치

프랑스의 철학자 미셸 푸코(Michel Foucault)는 《성의 역사 3: 자기 배려》에서 고대 그리스 철학자들의 자기연마와 자기통치 개념에 주목하였습니다. 이는 자기관리나 자기계발과 같은 현대의 개념과도 통하며, 동양철학에서의 수양론(修養論)과도 통하는 개념입니다. 남들을 통치하기 이전에 자기 자신에 대한 통치가 바탕이 되어야 하며 자기 자신과 맺는 관계가 중요함을 깨우쳐주는 개념이지요. 이번 수업에서는 자기통치를 '1인칭 나'와 '3인칭 나' 사이의 관계로 표현했습니다.

제 연구실에는 고양이 네 마리가 살고 있습니다.

대심이, 달공이, 모모, 또봄이.

이 녀석들은 연구실의 실질적인 주인입니다. 저는 아침에 출근해서 주인님들을 모시다가 저녁에 퇴근하는 집사에 지나지 않지요.

첫째는 대심이입니다. 큰 대(大), 마음 심(心), 마음이 넓은 고양이라는 뜻으로 인간의 나이로 치면 60살쯤 된 할머니 고양이입니다. 연구실은 세미나를 비롯한 각종 모임이 벌어지는 장소라 밤낮으로 손님들이 끊이지 않는데, 붙임성 좋은 대심이는 손님 한 명 한 명에게 일일이 다가가 눈을 맞추면서 소위 '접객'을 하곤 합니다. 집안의 어른다운 품격(!)을 갖췄다고 해야 할까요.

여기에서는 대심이의 수행 생활에 대해 얘기해볼까 합니다. 8년 전, 대심이는 연구실 주변을 떠돌던 길냥이였습니다. 당시 연구실 마당에 길냥이를 위한 급식소를 마련해두었는데, 대심이는 이곳의 단골손님이었습니다. 그랬던 대심이가 연구실로 들어오게 된 건 그해 여름 지독한 방광염과 피부병에 시달리면서 죽을 고비를 겪은 후였습니다. 이후 8년여 간 함께 살며 곁에서 본 대심이의 일상은 마음수련의 연속인 듯했습니다. 수행을 통해 자기도야(自己陶冶)를 지속하는 듯 보였지요.

대심이는 낯선 사람을 전혀 두려워하지 않는 대범함, 광활한 대지와 같은 이해심, 심원한 바다와 같은 포용력을 지닌 고양이입니다. 저는 이런 특질이 어디에서 온 것인가를 유심히 관찰하다가 대심이의 그루밍 넘치는 일상에서 그 힌트를 얻었습니다. 앞발에 침을 잔뜩 발라서 얼굴을 문지르는 세수를 시작으로 온몸을 핥고 정돈하는 그루밍 과정은 짧게는 몇 분, 길게는 한 시간 정도까지 지속됩니다.

가끔 연구실 창문을 열어두면 대심이는 창가에 앉아 먼 하늘을 응시하곤 합니다. 대심이가 수행자처럼 고요하게 앉아 있으면 저는 클래식 음악을 틀어주곤 합니다. 그러면 대심이는 박자에 맞추어 꼬리를 살며시 흔들면서 빌딩숲 너머를 바라봅니다. 그러고 나서 이윽고 그루밍을 하며 몸을 바르게 정돈합니다. 그 수행과 수양을 자기연마라고 할 수 있지 않을까요? 연마(練磨)의 뜻을 한자 그대로 풀면 돌이나 쇠붙이 등을 갈고닦는 것인데, 대심이의 그루밍은 자기 자신의 마음과 몸을 갈고닦는다는 점에서 자기연마로 볼 수도 있지 않을까 하는 생각이 듭니다.

고양이 수양론과 삶의 내재성

혹시 '고양이 수양론'이라고 아시나요? 공자나 맹자의 수양론은 들어본 적이 있으시겠지만, 고양이 수양론은 아무래도 생소하실 겁니다. 수양은 학식과 덕행이 높은 군자(君子)가 몸과 마음을 바르게 정돈하고 올바르게 배치하는 것을 의미합니다. 일찍이 공자는 자기연마를 하는 선비의 예법이나 의례로서의 인(仁), 의(義), 예(禮), 지

(智)와 같은 윤리적이고 미학적인 태도를 수양론에 담았습니다.

잘 관찰해보면 고양이들도 수양론에서 말하는 바대로 몸과 마음을 정갈히 닦아 도야하는 것처럼 행동합니다. 마치 선비처럼 말이죠. 묘(猫) 선비. 도포를 입은 것도 아니고, 갓끈을 고쳐 매며 시조를 읊는 것도 아니지만, 고양이와 선비는 왠지 어울리는 면이 있는 것도 같습니다.

하지만 고양이의 수양론은 일반적인 수양론과는 전혀 다른 맥락과 행위양식을 갖습니다. 자, 여기 고양이 한 마리가 있다고 상상해 보지요. 호기심에 귀를 쫑긋하며 여기저기를 기웃거리는 고양이는 얼마 지나지 않아 어딘가에 자리를 잡고 앉을 겁니다. 그리고 그곳은 아마도 '하필이면 왜 여기에?' 하는 마음이 드는 장소일 확률이 높을 겁니다. 당신이 책을 읽고 있다면 책상 위가 될 것이고, 낮잠에 빠졌다면 당신의 배나 가슴 위 혹은 얼굴 위가 될 수도 있습니다. 고양이는 거기에 앉아 그루밍을 시작하지요.

그루밍은 원래 말이 들판이나 경주에 나가기 전, 목욕을 시키고 말끔하게 꾸며주고 털을 가지런히 정돈해주던 마부의 행동에서 유래된 단어라고 합니다. 고양이들은 자신을 돌봐주는 마부 같은 존재가 없음에도 불구하고 자신의 주변을 스스로 정돈하고 돌봅니다. 그렇기 때문에 고양이를 진화의 가장 상위 단계에 있다고 보는 관점이 가능하리라고 생각됩니다. 그만큼 고양이의 그루밍은 무척 진지하고 차분하고 신중하면서도 섬세한 작업입니다.

함께 사는 고양이들의 그루밍을 보면서 저는 자기 자신과 맺는 관계, 자기 위치의 설정, 자기 배려 등의 중요성에 대해 깨닫곤 합니다. 남들의 시선이 닿지 않는 곳에서 홀로 자기 자신과 대면할 때 윤리적이고 미학적인 태도를 취하는 것은 매우 중요합니다. 이를테면 물건이나 서류들이 흩어져 있는 상태이거나 설거지거리를 산더미 같이 쌓아둔 채로 조용히 책을 보거나 사색을 한다는 것은 상상하기 어렵습니다.

간혹 자기 자신에 대해서 너무 방만하거나 혹은 반대로 너무 혹독하게 규율적인 사람들이 있습니다. 항상 스스로를 돌아보고 부지런히 초점 조절을 하면서 자기 자신에 대해 너그러우면서도 긴장감도 놓치지 않는 적절한 선을 찾는 작업은 퍼포먼스를 하는 행위예술가의 섬세한 작업처럼 어려운 일입니다.

자기와의 관계에서 초점 조절은 늘 자신의 주변을 정리하고 아끼고 보살피는 행위로부터 시작됩니다. 그런 면에서 자기 자신과의 관계에는 어떤 하나의 해답이 존재하는 것이 아니라 늘 주변과 가장자리를 우선 정리하는 개념이 있을 뿐이라고 얘기되기도 합니다. 따라서 고양이가 그루밍 하듯 자신과의 관계에서 조율(調律)된 악기의 현(絃)처럼 미학적으로 접근하는 것은 타인과의 관계에 기울이는 노력보다 더 어려운 일일지 모릅니다. 자기와 자기 자신과의 관계는 보이지 않는 영역에 있으니까요.

"내일 세상이 망할지라도 한 그루의 사과나무를 심겠다"라는 격언으로 유명한 철학자 스피노자(Spinoza)는 삶의 내재성(immanence) 개념을 말한 바 있습니다. 신이 우리의 삶을 초월해 존재하는 것이 아니라 우리 삶에 내재되어 있다고 보는 것이지요. 그는 인간뿐 아니라 세상 만물에도 신이 내재해 있다고 보았습니다. 그렇다면 고양이에게도 신적인 것이 깃들어 있는 것이겠지요.

스피노자가 말한 삶의 내재성의 구도는 '1인칭 나'와 '3인칭 나'가 끊임없이 관계를 맺고 서로의 위치를 조정하는 것으로 그려집니다. 여기에서 '1인칭 나'는 '자기원인으로서의 나'입니다. 즉 사랑과 욕망, 돌봄 등의 이유가 되는 '우애(friendship)의 나'를 의미합니다. '3인칭 나'는 '타자원인으로서의 나'입니다. 내가 외부에서 우발적인 사건들과 마주칠 때, 그것을 응시하고 포용하는 '환대(hospitality)의 나'를 의미합니다. '1인칭 나'가 존재할 때, 그 모습을 응시하는 '3인칭 나' 역시 늘 함께 존재합니다. 즉 '1인칭 나'와 '3인칭 나' 사이의 여백에 끊임없이 내 삶의 태도와 초점 조절을 가능하게 하는 내재성의 평면이 위치합니다.

'행동하는 나'가 있다면 '그것을 응시하는 또 하나의 나'가 있을 것이라는 생각은 누구나 한 번쯤 해본 적이 있을 겁니다. 이를테면 "나는 너를 사랑해"라고 말할 때, '말 속의 나'와 그 문장을 '말하는 나'는 동시에 공존합니다. 다시 말해 나는 굉장히 많은 '나'를 품고 있는 셈이지요.

'1인칭 나'는 '3인칭 나'를 비추어 보면서 점점 성숙해지는 경향을 갖고 있습니다. '나'라는 존재는 단일한 자아(ego)나 정체성(identity)으로 고정되어 있지 않습니다. '나'는 늘 변화하는 존재이며, 무엇으로도 변화할 수 있는 가능성을 갖고 있는 존재입니다.

'나는 ~이다'라고 정의(definition)하려고 부단히도 애썼던 '과거의

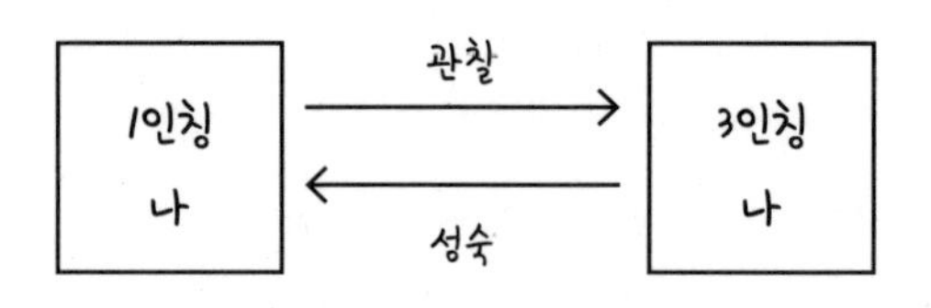

'나'는 무한한 가능성의
소유자다!

나'들이 겸연쩍어지는 순간입니다. 그러나 그런 과정들이 현재의 나를 만들었을 테지요. '나'는 또 다른 '나'를 마주하면서 스스로를 성숙시켜 갑니다. 그리고 그 모든 과정은 바로 마음에서 일어납니다. 때문에 겉으로 봐서는 그 과정을 절대 알 수가 없습니다.

자기계발 담론의 허상

저도 매일 그루밍을 합니다. 물론 고양이처럼 침을 바른 발바닥으로 머리를 빗어 넘기지는 않습니다. 저는 아침에 면도를 하고, 로션을 바르고, 머리를 빗습니다. 밖으로 나가기 전 옷매무새를 단정히 하고, 거울에 저 자신을 비춰 봅니다. 그러면서 그날 만날 사람들과 나눌 대화나 세미나 등에서 강연을 하는 제 모습을 미리 떠올려보곤 합니다. 제 모습을 단정히 하는 모든 행동은 고양이의 그루밍과 같은 것이라고도 할 수 있겠습니다. 저를 온전히 대면하고, 받아들이며, 가지런히 정돈하려는 의도를 갖고 있다는 점에서 그렇습니다.

간혹 중요한 약속이 있을 때면 거울 앞에서 제 모습을 응시하며 심호흡을 반복하곤 합니다. 너무 과장되게 스스로를 부풀리지 않고, 자존감을 낮게 설정해서 머뭇거리지도 않고, 균형을 갖춘 '나'로서 위치 짓기 위한 저만의 방법입니다. 너무 긴장한 저 자신을 발견하면 의도적으로 헛기침을 해보기도 합니다. 기분이 다운되는 것 같으면 넥타이 색을 화려한 것으로 바꾸어 보기도 하고요. 그렇게 함으로써 저는 의식적으로 또 하나의 '나'를 탄생시킵니다. 준비는 끝났습니다. 이제 남은 건 수많은 사람들과 함께 호흡하고, 울고, 웃고, 즐기는 것이지요.

한때 주체와 대상, 주인공과 조연 혹은 주인공과 관객을 설정한 무대에서의 주인공 담론을 주장하던 자기연마 개념이 널리 유행하던 적이 있었습니다. 자기통치와 자기관리, 자기계발의 담론이라고도 합니다. 이 담론의 핵심은 현재의 자신을 성공한 자신의 미래상에 투사하면서 스스로를 관리하고 통제하는 것이었습니다. 미래의 성공을 위해서 현재를 반납하고 끊임없이 자신을 혹독하게 담금질하는 건 자기계발 담론의 주요 내용이었습니다. 자기계발 담론은 자신의 성공에 박수쳐줄 수많은 관객들을 설정하는 '주인공 담론'이자 지극히 신자유주의적인 '자기통치법'입니다.

이러한 개념은 '3인칭 나'를 '미래에 성공한 나'로 바꾸어버렸고 더불어서 '1인칭 나'를 '욕망을 투사하는 나'로 바꾸었습니다. 문제는 이 주인공 담론이 삶의 내재성을 빈약하고 핍진(乏盡)한 것으로 만들어버린다는 점에 있습니다. 삶의 내재성은 '1인칭 나'와 '3인칭 나'의 초점 조절을 통해서 현재 나의 삶을 풍부하고, 다양하고, 우아하게 구성하는 것을 목표로 합니다. 그러나 자기계발 담론은 '지금-여기-가까이'에 있는 현재의 삶을 미래를 위해 헌납하고 차압해야 할 것으로 간주해버립니다. 이 담론에 휩싸인 사람들은 지금 존재하지 않는 '미래의 허상'을 바라다가 결국 소진되고 맙니다. 자기에 대해 결코 너그러워질 수 없기 때문입니다.

자기와의 관계는 누군가를 대상화하고 관객을 두는 연극적인 무대를 설정하지 않습니다. 보이지 않는 곳에서 어떻게 자신에 대해서 윤리적이고 미학적인 태도를 설정하고 있느냐가 중요한 문제입니다. '성공', '승리', '성장' 같은 키워드를 내세웠던 자기계발 담론은 각 개인이 스스로에게 너그럽지 못하고 지나치게 학대적이며 억압적인 태도를 취하게 했습니다. 이러한 자기계발 담론은 고양이가 행하는 자기연마, 즉 그루밍의 진정한 의미와는 무척 거리가 멉니다.

신자유주의적인 자기계발 담론은 이제 공중으로 분해되어서 사라졌습니다. 오늘날 자기계발 담론이 의미하는 주체성은 자영업자와 같이 과도한 개인 책임과 열악한 환경에 내몰려야 하는 사람으로 형상화되고 있습니다. 저성장 시대로의 이행과 생명 위기 시대가 개막되면서 성공담론이 아니라 생존담론이 이 시대의 중요한 키워드가 되었기 때문입니다.

고양이의 자기연마는 무엇을 준비하는 것인가?

대심이는 오늘도 열심히 그루밍을 하며 자신의 몸과 마음을 다스립니다. 밥을 먹는 건 그다음 일이지요. 대심이가 잠자기 전 마지막으로 하는 일도, 잠에서 깨면 가장 먼저 하는 일도 그루밍입니다. 고양이의 그루밍은 때와 장소를 가리지 않습니다. 하지만 그것은 자기 자신을 만들기 위한 과정일 뿐, 성공이나 승리를 향한 행위와는 아무 관련이 없습니다. 늘 새롭게 삶을 맞이하기 위한 준비 동작으로서의 자기연마인 셈입니다.

저는 의젓하게 자신을 닦고 핥고 부비는 대심이를 볼 때마다 매번 감동합니다. 자신의 삶을 온전히 책임지고, 자신의 주변을 잘 정리하고, 자신의 몸과 마음을 잘 도야하는 건강한 고양이라는 생각이 들기 때문입니다. 그래서 저는 그루밍을 끝낸 대심이의 몸을 부드럽게 쓰다듬어주곤 합니다. 그러면 대심이는 제 다리나 몸에 자신의 몸을 부비면서 친근감을 표시합니다. 이처럼 자기 자신에 대한 도야는 다른 사람과의 관계를 더 좋게 만들 수 있는 단초가 되는 것이지요.

자기연마는 공동체를 만들기 위한 시초적인 행동일 것입니다. 다른 사람을 환대하기 위해서는 우선적으로 자기 자신과의 관계, 즉 삶의 내재성이 가지런히 정돈되어야 하기 때문입니다. 자기 자신의 삶을 사랑하는 사람은 다른 사람의 삶도 사랑할 준비가 되어 있는 사람일 겁니다. 자기돌봄이 서로돌봄의 기초가 되리라는 점에서 자기연마는 공동체를 구성하는 이들 각자의 숙제인 셈입니다.

그렇다고 해서 자기연마가 자신을 강고한 자아의 상태로 만드는 걸 의미하는 것은 결코 아닙니다. 본래 자아라는 개념은 '1인칭 나'와 '3인칭 나'가 하나로 통합되어 그 사이에 여백이 전혀 없는 상태를 의미합니다. 자아에는 숨이 턱턱 막힐 정도의 자기 자신에 대한 집착이 자리 잡고 있습니다. 거기에는 상호 의존하며 더불어 살아가는 생명, 자연, 사물, 기계 등이 자리 잡을 여지가 없기 때문에, 도리어 자기를 억압합니다. 때문에 자기와 자기 자신 사이에 여백을 두는 것이 필요합니다. '1인칭 나'와 '3인칭 나' 사이에 존재하는, 바람이 숭숭 지나갈 만한 여유, 여백, 여가의 공간이 바로 그것이지요. 그것이 곧 삶의 내재성의 평면입니다. 자아로 응고되지 않고, 한 가지 정체성으로 고정되지 않고, 내가 나를 발견할 때, 마음이 마음을 응시하고 '1인칭 나'와 '3인칭 나'가 조율과 초점 조절을 할 때, 우리는 스스로에 대해서 너그러울 수도, 부드러울 수도, 따뜻할 수도, 겸양할 수도 있게 됩니다.

고양이의 그루밍은 아름답습니다. 자신의 몸을 바라보며 스스로를 닦고 정갈히 합니다. 자신을 온전히 맞이할 준비를 합니다. 그리고 삶을 향해 뚜벅뚜벅 걸어갑니다. 저는 고양이로부터 우리의 삶이 어떤 방식으로 작동해야 하는지를 배웁니다. 간혹 고양이들은 자신이 아닌 다른 고양이를 핥아주기도 합니다. 그럴 때에는 자기연마를 넘어선 정동(affect)과 사랑, 돌봄에 대해서 생각하게 됩니다.

연마하고 도야하는 고양이의 모습으로부터 우리는 상상력과 영감, 아이디어를 얻을 수 있습니다. 달콤한 졸음이 쏟아지는 오후, 난로 위에서 주전자가 보글보글 소리를 내며 끓고 있는 이 시간에 대심이가 조용히 그러나 진지하게 그루밍을 합니다. 그리고 저는 대심이를 바라봅니다. 한 편의 예술 작품처럼, 영화처럼, 시처럼 삶을 오롯이 담아내는 아름다운 행위에 몰두한 작은 생명을요.

Lesson 2

진정한 합일에 관하여

•

우주되기

우주되기는 대니얼 스턴(Daniel Stern)이 얘기한 2개월까지의 유아의 상태를 의미합니다. 이를 '출현적 자아(emergent ego)'라고도 하며 어머니와의 합일 상태, 자아와 타자/남성과 여성의 구분이 없는 상태라고도 합니다. 우주되기는 동일성 철학의 기반이기도 합니다만, 이번 수업에서는 우주되기가 감각의 수준에서 도달할 수 없는 지점이라는 점을 요지로 삼았습니다.

"엄마가 그리워서 그러는 거야."

대심이가 담요를 만지작거리며 꾹꾹이를 하고 있었습니다. 그 모습을 바라보던 아내가 저에게 한 말입니다. 엄마가 그리워서라.

고양이의 꾹꾹이는 어미의 젖이 잘 나오도록 아기 고양이가 앞발로 젖을 꾹꾹 누르던 습성에서 유래했다고 합니다. 하지만 이미 성묘가 된 대심이에게도 꾹꾹이는 무척이나 진지하고도 비밀스러운 행동양식입니다. 꾹꾹이에는 어미와의 합일에 대한 염원이 담겨 있기 때문입니다. 바로 '우주되기'에 대한 소망입니다. 우주되기는 타자와 내가 합일된 상태를 의미합니다.

아동심리학자 대니얼 스턴에 따르면 아이가 태어나서 2개월 정도까지 엄마와 아이 사이에는 우주되기와 같은 합일의 순간이 존재한다고 합니다. 그러나 그 짧은 기간이 지나면 타자와 내가 합일된 순간을 인생에서 경험하기란 결코 쉽지 않습니다. 어쩌면 다시는 오지 않을 수도 있지요. 그럼에도 불구하고 우리는 사랑이라는 이름으로 합일을 갈구하고 염원합니다. 우주되기, 그것은 도달할 수 없는 위대한 사랑과 합일을 향한 노란 손수건과도 같은 노스탤지어입니다.

그러나 우주되기가 일상의 감각적인 수준에서 늘 가능하다고 본 철학이 있습니다. 그러한 철학을 '동일성(통일성)의 철학'이라고 부릅니다.

동일성의 철학은 헤겔로부터 마르크스주의까지 망라하는 긴 역사적 전통을 갖고 있습니다. 헤겔의 동일성 철학은 주관과 객관, 존재와 무(無), 사유와 대상 간의 합일이 가능하다는 생각으로부터 유래합니다. 이는 주체의 자기의식의 발전이 절대이성으로 향한다는 구도를 그립니다. 문명화 된 서구 사회에서는 공통감각(common sense), 즉 상식에 따라 행동하는 것을 강조하는데, 여기에도 우주되기의 합일이 일상의 감각적인 수준에서도 충분히 가능하다는 생각이 숨어 있습니다. 첫눈에 반하는 것처럼 순식간에 합일이 가능하다는 생각은 근대 철학과 문명사회의 면면에도 흐르고 있던 셈입니다.

이에 따라 대립과 모순이 있다 하더라도 사회 분열로 향하지 않고 사회의 성숙으로 향한다는 변증법의 구도가 그려집니다. 왜냐하면 동일성의 철학에서는 하나의 집단이나 계급, 인종, 국가가 갖고 있는 일체감이 감각적으로 미리 주어진 전제 조건이기 때문입니다. 그러나 과연 그러한지에 대해서 의문이 들 수밖에 없습니다. 내전, 갈등, 전쟁 속에서 많은 사람들이 목숨을 잃거나 다치는 오늘날의 상황을 보건대, 사회와 인륜적 공동체의 일체감은 감각적 수준에서 미리 주어진 전제 조건이 아닙니다. 모순과 적대는 사회 분열과 와해로 향하는 경우가 많습니다.

이러한 근대 철학의 전통은 '우주'가 우리에게 무엇으로 다가오는지에 대해 설명하지 못합니다. 우주가 무엇이냐는 질문에 우리는 어떤 답을 할 수 있을까요? 우주를 한두 마디로 정의 내릴 수 있을까요? 우주는 정의 내리고 의미화 할 수 있는 영역이 아닙니다. 우주는 의미화 할 수 없는 사물, 생명, 자연, 미생물 등이 존재하는 광활한 영역입니다. 그래서 우주는 늘 미지의 공간이지요. 우주는 인간의 상식이 통하지 않는 공간입니다. 우리가 감각할 수 있는 영역 너머에 있기 때문이지요. 우주는 문명 이전의 야만인들이 별을 바라보던 시선과도 같은, 기억과 의미 표상 저편의 지평을 담고 있습니다.

역사적으로 '우주되기'라는 개념은 동일성의 철학에 의해 철저히 오염되어 왔습니다. 제아무리 우주의 심연이라도 해석과 측정, 의미화가 가능하다고 믿었던 근대 철학에 의해서 말이지요. 그 후 우주되기는 무수한 철학적 개념들 중에서 폐기 처분되어 퇴적층 속에 묻혀 버렸습니다. 동일성의 철학에 따라 근대적인 통속성—감각하는 순간 상대방을 다 알게 된다는 식으로 단정 짓는 것—속으로 후퇴했기 때문입니다.

우주되기의 개념은 권력자들에 의해 국가와 민족, 인종의 일체감을 고무하는 데 활용되는 방향으로 전락했습니다. 우주되기는 철저히 유아기 아이, 야만인, 동물들에 의해서 잘 드러납니다. 왜냐하면 이들은 감각적인 합일의 경지를 정의내리는 방식으로 표현하지 않기 때문입니다. 오히려 이들은 문제 제기나 은유와 비유, 호기심 등으로 우주되기를 표현합니다. 모든 것을 다 알고 있다고 착각하는 문명화된 인간 사회는 우주되기라는 획기적이고 파격적인 실험을 망치고 오염시킵니다. 그 결과, 파시즘, 인종주의, 국가주의와 같은 퇴행과 낭만의 괴물이 만들어졌습니다.

그러나 고양이의 우주되기, 고양이의 꾹꾹이는 다릅니다. 고양이의 꾹꾹이는 유아기 시절에 대한 그리움과 어미에 대한 마음을 간직하고 있습니다. 거기에는 절실한 사랑의 감정이 담겨 있지요.

우주되기의 개념에서 고양이의 꾹꾹이를 떠올리다

우주되기는 대니얼 스턴이 말한 출현적 자아 시기 동안의 기본적인 판과 구도를 이루는 무의식이라고 할 수 있습니다. 출현적 자아는 생후부터 2개월까지의 유아에게서 잠깐 등장합니다. 언어적으로나 신체적으로 판별 능력을 갖고 있지 않은 유아기에 아이는 그 자리의 분위기나 뉘앙스 혹은 강도, 밀도, 속도, 분포도 등 정동의 움직임에 따라 정념적이고 융합적이고 이행적인 형태의 지각을 합니다. 다시 말해 감정이나 정서 이전의 강렬도(intensité)의 변화와 이행에 감응하는 상태에 있습니다. 즉, 흐름(flux)의 사유가 이 시기에 등장하는 것이지요.

유아들은 흐름에 따라 웃고, 울고, 발길질하고, 손짓합니다. 정확한 변별, 구별, 식별 없이 느끼고 감각하고 행위하는 것이지요. 처음에는 단순한 흐름에 맡기지만 가재의 지절이 펼쳐지듯이 시간이 갈수록 유아의 언어나 사유, 행동양식은 더 복잡한 양상으로 발전하게 됩니다.

두 달이라는 그 잠깐 동안 경험한 합일과 융합의 기억은 사실상 한 인간의 온 생애를 좌우합니다. 이 시기는 우주되기라는 사랑과 합일의 거대한 잠재성이 설립되는 인생의 과정이지요. 다시 말해 유아기

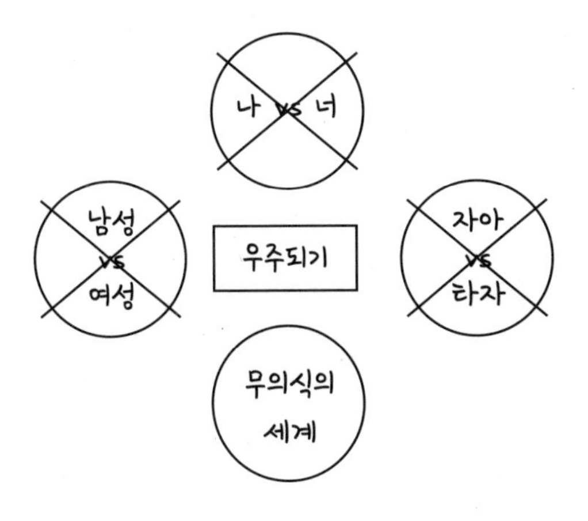

동안 사랑받고 합일되었던 경험은 성인이 되어 사랑을 할 때, 그 기반이 되는 거대한 판의 원천인 셈입니다. 유아기 동안 아이를 돌봐주는 주변 사람의 사랑이 매우 중요한 이유가 여기에 있습니다.

우주되기가 갖는 삶의 내재성의 평면은 '자아와 타자'의 구별이 없고, '남성과 여성'의 구별이 없으며, '나와 너'의 구분이 없는 삶의 시간을 구성합니다. 여기에서는 모든 것이 강렬도와 흐름 속에서 잠깐 드러나는 형태인 특이점(singularity)으로만 느껴집니다. 어떤 것은 강렬한 특이점일 수 있고, 어떤 것은 밀도와 속도가 있는 특이점일 수 있습니다.

그 특이점은 나에 의해서 행위 된 것인지, 아니면 너에 의해 행위 된 것인지에 대한 구별도 없는 상황을 의미합니다. 이에 따라 너와 나 사이에는 전(前)인격적이고 전(前)개인적인 거대한 정동의 다리가 설립됩니다. 여기에서 정동은 사물과 사물, 표상과 표상 사이에 놓인 강도, 밀도, 온도, 속도와 같은 것입니다.

정동은 '그것은 무엇이다'라고 의미화 되는 영역의 나머지 부분에 있는, '~이거나 ~이거나' 하는 느낌과 감응의 세계입니다. 정동의 세계에서는 오직 강도의 흔적, 밀도의 자취, 속도의 감응, 온도의 느낌, 분포도 등만이 신체에 아로새겨져 있습니다. 이때 우리의 신체 기관은 미리 정해진 규칙에 따라 기능하는 것이 아니라, 다양한 잠재성을 가진 상태로 대기하고 있습니다. 그래서 아이들에게는 울음이 발길질이 되고, 발길질이 웃음이 되고, 웃음이 침 흘림이 되고, 침 흘림이 젖의 흐름이 됩니다. 이 시기 아이들에게는 '~이거나 ~이거나'의 표현양식, 흐름의 표현양식밖에 없습니다.

이와 같은 유아기의 출현적 자아와 우주되기의 특성을 생각할 때, 고양이의 꾹꾹이가 연상되는 것은 우연이 아닙니다. 고양이는 진지하게 탈경계의 관문으로 향합니다. 부드러운 이불이나 베개, 담요 등의 작은 소품이 그 관문의 역할을 하지요. 꾹꾹이에 전념하는 고양이의 모습은 자신을 내려놓은 망아(忘我)의 경지에 도달한 것 같아 보입니다.

꾹꾹이는 대심이의 내면을 충만하게 만드는 중요한 행동양식입니다. 담요를 엄마라고 상상한다는 것이 짠하게 느껴질 때도 있지요. 어미와의 합일에 대한 염원이 강할수록 꾹꾹이가 길어진다고 생각하면 사뭇 감동적이기까지 합니다.

어떤 면에서 우주되기는 실험이자 일종의 프로그램으로도 보일 수 있습니다. 명상가나 선(禪) 수련자, 마음 치유자 등은 자기와 타자의 경계를 허물기 위해 노력하는 사람들이기도 합니다. 얼마나 노력하면 그 경지에 다다를 수 있을까요? 하지만 그것은 애초에 불가능한 일일지도 모릅니다. 명상, 선 수련, 마음 공부 등은 우주되기가 갖고 있는 삶의 내재성의 평면에 도달할 수 있도록 다양한 프로그램과 실험을 작동시킵니다만, 그것이 언제 가능하다는 약속도, 이 정도 하면 가능하다는 약속도 없는 미지의 곳을 향한다는 점에서 문제가 있습니다.

그렇다면 우리가 수많은 복잡한 절차와 과정을 거치고도 우주되기라는 광활한 무의식의 저편에 도달할 수 없는 이유는 무엇일까요? 사랑과 합일이 미리 주어진 '완성형'으로서의 전제 조건이 아니라, 우리가 만들어야 할 '과정형'으로서의 과제인 이유는 무엇일까요?

우리가 아는 앎에도 종류가 있습니다. 감각지, 직관지, 개념지 등이 그것입니다. 범신론자였던 스피노자는 공통감각을 '1종지'라고 칭하며, 모든 오류의 원천이라고 간주했습니다. 다시 말해, 미각, 후각, 시각, 청각 등 감각적으로 형성한 공통성으로는 우주되기에 도달할 수 없다는 것이지요. 그에 따르면 공통감각은 표상에서 우발적으로 발생되며, 선입견이나 편견과 같은 지위를 갖습니다. 이를테면 어떤 사람이 밤길을 서성인다면, 우리는 그를 낯선 이로 간주하여 범죄와 안전의 시선으로 봅니다. 그런데 그 사람이 자녀의 귀갓길이 걱정되어 나온 사람임을 알게 되면 정반대의 결론을 갖게 됩니다. 이는 공통감각이 '상식'이라고 일컬어지는 이유이기도 합니다. 상식을 따르는 행위에는 사회가 갖고 있는 고정관념을 벗어나지 못하는 측면이 있기 때문입니다.

스피노자는 공통성에 도달하는 방법을 '2종지'인 공통개념으로 제시합니다. 그에 따르면 공통성은 '사랑', '우정', '평화', '환대' 등의 개념으로 설명되고 개념이 생산될 정도의 신체 변용을 거친 다음에야 형성됩니다. 다시 말해 우주되기는 저절로 이루어지거나 미리 전제된 조건이 아니라, 각기 설명력을 가진 개념으로 나타나면서 세부화되어야 할 부분이라는 것이지요. 물론 스피노자는 '3종지'로서 영성, 직관, 통찰의 가능성에 대해서 인정합니다. 우주되기 자체를 단박에 통찰하는 것도 가능하다는 여지를 열어둔 셈이지요.

고양이의 꾹꾹이에 인식과 관념의 체계를 구성할 여지는 없어 보입니다. 그러나 영성적인 통찰이나 직관처럼 단박에 합일과 사랑의 순간으로 향한다고 해석될 가능성은 풍부합니다. 고양이의 꾹꾹이에 대한 깨달음은 우주에 대해서 '안다'라고 말하는 2종지의 영역이 아니라, 우주에 대해서 '아직 모르지만 직관하고 통찰할 수 있다'고 보는 3종지의 영역이기 때문입니다.

사람에게 있어 그것은 어떤 노력 없이도 감각적으로 주어지는 것이 아니라, 깨달음에 이르기 위한 실험과 프로그램, 기획과 같은 노력의 과정을 통해서만 도달할 수 있는 것입니다. 즉, 사랑과 합일을 향해 치열하게 '욕망하는 프로그램'의 결과물인 것입니다.

거대한 우주되기가 갖고 있는 삶의 내재성의 평면은 도처에 있습니다. 우리가 발견하지 못할 뿐이지요. 그런 점에서 우주되기는 동물되기라고도 할 수 있습니다. 통속적인 표현으로 '동물적 본능'이라는 말도 있지만, 우주되기는 동물이 갖고 있는 직관과 통찰에 이르기 위한 사랑의 행동을 의미합니다. 그런 의미에서 우주되기 개념을 떠올릴 때 꾹꾹이를 하는 대심이가 떠오르는 건 어찌 보면 당연한 일일지도 모르겠습니다.

합일의 고양이, 고양이 되기

프랑스의 철학자 질 들뢰즈(Gilles Deleuze)와 펠릭스 가타리는《천 개의 고원》에서 사랑에 대한 색다른 생각을 피력합니다. 사랑하면 저절로 합일되는 것이 아니라, 서로의 미세한 차이를 발견하게 되면서 "사랑할수록 달라진다"는 겁니다. 사랑은 특이성으로 향하는 과정이라는 것이지요. 다시 말해 사랑을 통해서 색다른 생각과 유별난 행위 양식을 갖게 된다는 것입니다.

이는 우리에게 다소 낯선 생각입니다. "사랑할수록 닮아간다"는 생각에 익숙한 사람이라면 더욱 그럴 것입니다. 물론 "사랑할수록 같아진다"는 동일성의 철학은 도달할 수 없는 우주되기의 지평이므로, 일단 이 논의에서는 배제됩니다. 들뢰즈와 가타리에 따르면, 우주되기는 즉각적이고 감각적으로 도달하는 완성형으로서의 '이기(being)'가 아니라, 이에 대한 색다른 경로를 개척하는 과정형으로서의 '되기(becoming)'의 맥락을 통해서만 표현될 수 있습니다. 여기에서 되기는 '사랑할수록 달라지는 과정'을 의미합니다.

들뢰즈와 가타리는 되기를 설명할 때, 말벌과 오르키데 난초를 예로 듭니다. 오르키데 난초는 말벌의 뒤꽁무니와 비슷한 색깔의 꽃을 피워 말벌로 하여금 모의성교를 하도록 유도해 수분을 합니다. 이때 난초와 말벌의 사랑은 직접적이고 즉각적인 합일이 아닙니다. 그럼에도 불구하고 이 둘은 사랑의 행위를 통해 서로 미세하게 달라지는 무한한 과정으로 향합니다. 이는 '비평행적 진화'라고 불리는 이루어질 수 없는 사랑의 과정이지요.

오르키데 난초는 기존의 난초 영역에서 벗어나 말벌의 꽁무니를 닮은 형태로 탈영토화 하고, 말벌 역시 기존의 말벌 생식의 영역으로부터 탈영토화 합니다. 둘은 일치와 합일을 미리 전제하지 않고 서로를 대면하면서 기존의 자신의 영역으로부터 벗어나는 무한한 탈주선을 개척합니다. 오르키데 난초와 말벌은 서로 사랑할수록 달라집니다. 두 생명은 도달할 수 없는 우주되기의 지평으로 무한한 여정을 떠나갑니다.

'되기'는 '이기'가 아닙니다. 되기에는 이기처럼 미리 전제된 합일이나 목표로서의 합일이 존재하지 않습니다. 끊임없는 과정형이자 진행형으로서의 미세한 차이를 만드는 사랑이 있을 뿐입니다. 합일의 지평, 우주되기는 유아기 아이, 동물, 야만인 등에 의해서만 표현되는 잠재성의 영역으로 남아 있을 뿐입니다.

우리의 인생은, 우주되기라는 잠재성을 가진 한 사람이 이를 드러내기 위해 미지의 장소로 떠나는 여행입니다. 잠재성으로서의 우주되기는 미세한 결과 무늬, 주름(press)으로 우리 삶에 아로새겨져 있습니다. 우리 안에 잠재된 지절, 주름, 결을 펼치고 전개하고 발전시키는 과정은 삶의 여정이자 미세한 차이를 만드는 사랑의 과정입니다.

하지만 안타깝게도 우리는 고양이처럼 꾹꾹이를 통해서 순식간에 우주되기의 지평으로 향할 수 없습니다. 다만 꾹꾹이를 통해서 우주되기에 이르는 '합일의 고양이'를 보면서 '고양이 되기'를 감행할 수는 있습니다. 이는 꾹꾹이를 모방하는 행위를 의미하는 건 아닙니다. 고양이를 사랑함으로써 우리의 삶이 달라지는 과정을 의미하는 것이지요. 우리는 고양이의 꾹꾹이처럼 우리 안의 미세한 주름이 새겨진 삶의 여정을 표현(expression)해야 합니다. 상대방을 사랑하는 만큼 그의 미세하게 달라진 점이나 아주 사소한 특징들을 더 잘 발견해내고, 더 섬세하게 배려하면서 자신의 사랑을 더 세밀하게 표현해야 하는 것이지요. 그것이 사랑할수록 달라진다는 말이 갖는 진짜 의미일 테니 말입니다.

다양한 표현양상으로 드러나는 우주되기

우주되기는 동일성의 철학처럼 이유와 결과가 딱 맞아떨어지는 선형적 인과성에 의해 드러나지는 않습니다. 그것은 잠재성으로 내재해 있을 뿐, '사랑'이라는 한마디로 모든 것이 설명되는 방식이 아닌 것이지요. 우주되기는 오히려 표현적 인과성으로 드러난다고 볼 수 있습니다.

누군가는 선형적 인과성에 따라 "나는 너를 사랑해"라고 직설적으

사랑할수록
'우리'는 달라진다.

↓

내가 아닌 상대를
더 깊이 생각하게
되기 때문이다.

로 얘기하는 것으로 우주되기의 합일의 경지가 가능하다고 여기기도 합니다. 이것은 사랑의 원인과 결과가 정확하게 맞아떨어질 것이라고 생각해서입니다. 그러나 사랑은 표현적 인과성을 통해서만 진정으로 실현 가능할 뿐입니다. 이를테면 맛있는 음식이 담긴 접시를 그 사람 앞에 밀어주거나, 옷에 묻은 얼룩을 닦아주거나, 그 사람이 무엇이 필요한지를 관찰하는 것 등이 그것입니다. 이러한 사랑의 표현방식은 '츤데레(ツンデレ, 쌀쌀맞아 보이지만 실제로는 따뜻하고 다정한 사람을 이르는 일본어)'와도 같습니다. 사랑한다고 말하지 않고 오히려 야박하고 짓궂게 말하더라도 행위의 표현양식으로 은근하게 이미 사랑하고 있음을 알 수 있기 때문입니다.

우주되기의 차원에서 사랑을 통한 합일이라는 이유와 본질은 잠재되어 있을 뿐 직접적으로 드러나지 않습니다. 현실은 이를 표현할 뿐이지 정확히 이유와 본질을 적시하지는 않는다는 것이 바로 표현적 인과론입니다. 동일성을 주장하는 철학자들은 직접적으로 현실에서 합일의 경지가 가능한 것을 우주되기라고 착각합니다. 그러나 잠재성으로서의 우주되기는 모습을 바꿔 자신을 드러냅니다. 고양이의 꾹꾹이 역시 현실에서는 도달할 수 없는, 어미 고양이와의 합일에 대한 소망의 표현양상 중 하나인 셈입니다.

우주되기의 '거대한 대지'가 무엇인지 우리는 알지 못합니다. 우리는 모두 더듬거리고, 망설이고, 오락가락하면서 이것이 아닐까 또는 저것이 아닐까 하고 모색하는 과정 중에 있기 때문입니다. 이 세상에 '사랑의 궁극'에 대해 단정 내릴 수 있는 사람이 과연 있을까요? 아마 없을 겁니다.

고양이의 꾹꾹이에서 살짝 그 모습을 드러낸 우주되기는 직접 자신이 무엇이라고 정확히 말하지 않습니다. 그것은 언제 드러날지 모르게 잠복해 있다가 돌발적인 사건을 통해서 밖으로 드러나 우리를 깜짝 놀라게 만들고, 기쁘게 만들고, 떠들게 만듭니다. 모든 사건의 배후에 우주되기의 사랑의 합일이 숨어 있음을 통찰할 때, 우리는 표현양상으로서의 사건이라는 빙산의 일각 밑에 존재하는 잠재성이라는 거대한 빙산의 몸체를 느낄 수 있습니다.

Lesson 3

나를 뛰어넘는 용기가 필요할 때

•

횡단

펠릭스 가타리는 횡단성(transversalité)이라는 개념을 통해 여러 의미와 여러 모델을 넘나들고 이행하는 과정을 설명하고자 했습니다. 관계망과 배치의 입장에서 횡단성은 가깝지도 않고 멀지도 않은 적정 거리로 관계를 조절하는 과정입니다. 또한 온갖 현기증 나는 이행, 변이, 변환, 전환의 과정을 묘사하는 개념이지요. 이번 수업에서는 거리 조절, 초점 조절, 힘 조절 등을 통해 자율성을 획득하는 것을 설명하기 위한 개념으로 사용하였습니다.

어느 날인가 대심이를 와락 끌어안았던 적이 있습니다. 갑자기 너무 사랑스럽게 느껴져서였지요. 그런데 대심이는 앞발을 버둥거리며 저항하다가 후다닥 도망치고는 멀찌감치 떨어져서 저를 바라봤습니다. 표현이 과했나 싶어서 딴청을 피우며 자리를 뜨자 잠시 후 대심이는 제 곁으로 다가와 서성였습니다. 가깝지도 멀지도 않은 관계, 대심이와 저는 딱 그 정도의 관계겠지요.

대심이는 완전한 성묘가 된 후에 길냥이에서 벗어난 고양이입니다. 그래서인지 타인과의 관계에서 늘 가깝지도 멀지도 않은 거리를 유지하려는 경향이 있습니다. 가까이하려고 들면 늘 도망가버리고, 멀리 있으면 어느새 곁으로 다가와 눈앞에 어른거리며 앉아 있지요. 가까이 가려 하면 도망가고, 멀리 있으면 다가오는 대심이는 횡단성의 전형적인 면모를 드러내는 존재입니다.

펠릭스 가타리가 창안한 횡단성이라는 개념처럼 정의하기 어렵고 명확히 이해되지 않는 개념도 없을 것입니다. 가깝지도 않고, 그러면서도 멀지도 않은 거리 조절에 대한 개념이기 때문입니다. 그는 자신의 저서《정신분석과 횡단성》에서 횡단성을 설명하기 위해 쇼펜하우어(Schopenhauer)의 고슴도치 딜레마 이야기를 제시합니다.

"살을 에는 듯한 어느 겨울날, 일단의 고슴도치들이 추위를 견디고자 서로 몸을 껴안아 따뜻하게 하려고 하였다. 그러나 자신들의 가시가 서로를 찔러서 너무 아파 그들은 곧 다시 흩어졌다. 그러나 추위는 계속되었기 때문에 그들은 다시 한 번 가까이 모였고 다시 한 번 아프다는 것을 알았다. 그들이 두 악(추위와 가시로 인한 아픔)에서 자신들을 보호하기 위한 아주 적당한 거리를 발견하기까지 이렇게 모이고 흩어지는 일이 계속되었다."

횡단성이라는 개념은 무척이나 모호하지만, 한편으로는 이러지도 못하고 저러지도 못하는 난감한 현실을 잘 설명해주는 개념으로 느껴질 때가 많습니다. 현대인들은 익명의 사람들 틈에서 간섭받는 것을 프라이버시 침해라고 싫어하면서도, 동시에 고독, 외로움, 관계의 상실, 무위(無爲), 소외의 상태에 빠지는 것 역시 두려워합니다. 이처럼 '친밀하고 유대적인 관계'와 '낯선 익명의 관계' 사이에서 끊임없이 거리 조절을 할 수밖에 없는 상태가 횡단성의 상태인 것 같습니다.

함께 살아가는 데에는 왜 그렇게 어려움이 뒤따를까요? 어쩌면 관계 맺기라는 것이 미학적이고 윤리적인 일종의 예술 행위와도 같기 때문은 아닐까요? 그래서 누군가 혹은 무언가와 관계를 맺고자 결심했다면 색다른 것을 창조하고 생산하려는 태도를 취해야 하는 것일지도 모르겠습니다. 알 듯 말 듯 아리송하기만 한 것이 관계니까요.

고양이 대심이에게 사랑받는 것이 얼마나 힘든지 지난 8년간 뼈저리게 느꼈지만, 밀고 당기는 과정이 반복되면서 어느덧 대심이와 저 사이에 '관계'라는 것이 형성되었음을 알 수 있었습니다. 저는 대심이와 저 사이에 새겨진 여러 관계의 지평이 삶의 내재성이 갖고 있는 오묘하면서도 절묘한 탈주선 중 일부라고 생각합니다. 밀고 당기는 과정에서 피로도가 쌓이는 것이 아니라, 오히려 필요도가 더 생기게 된다고도 생각하고요. 이를테면 더 사랑해줄 필요, 더 배려해줄 필요, 더 섬세해질 필요 같은 것들 말이지요.

횡단성, 탁월한 거리 조절의 미학

고양이에게 마법과도 같은 능력이 있다면, 바로 친밀한 공간을 낯선 공간으로 재연출할 수 있는 능력이라고 합니다. 알려진 바에 따르면 고양이는 익숙한 것에 대한 장기 기억은 지속시키지 않고 단번에 잊어버리지만, 단기 기억에 관해서는 오래 지속할 수 있는 능력이 있다고 합니다. 그래서 고양이들은 자신이 살고 있는 집을 친밀한 공간으로 인식하는 동시에 늘 새로운 공간으로 기억한다고 합니다. 주기적으로 산책을 시켜줘야 하는 개와 달리 고양이는 일정한 크기의 실내에서도 평생을 살아갈 수 있는 것이지요. 자신의 공간을 재연출하고, 세계를 재창조하는 능력을 갖고 있는 셈입니다.

사람들이 가깝고 친밀하고 유대적인 관계를 생각할 때마다 떠올리는 생각 중 하나는 기억 저편의 고향에 대한 이미지입니다. 사람들은 가까이에 있는 사람들의 소중함에 대해 잘 알면서도, 그들에 대해 쉽게 단정 짓곤 합니다. 친밀하고 유대적인 관계, 즉 우애의 관계가 갖는 함정은 너무 가깝기 때문에 폐쇄되고 닫힌 관계로 전락할 수 있다는 점에 있습니다. 가까이에 있는 사람 내면에 감춰진 광활한 지평에 대해 시추(試錐)하듯 되짚어 보는 것이 아니라 "그 사람은 원래 그런 사람이야"라고 결론지어버리는 것이지요.

우애를 가장한 간섭과 개입, 참견이 일상화되면 타인의 자존감이나 자립을 침해하는 경우로 비화하기도 합니다. 서울의 한 공동체에서 살던 지인은 어릴 적 문방구 앞에서 100원짜리 오락을 하거나 친구들과 불량식품을 사먹고 있으면, 이웃들이 그 모습을 보고 부모님께 이야기를 전달하는 바람에 매우 곤란했었다는 이야기를 한 적이 있습니다. 마치 온 동네에 자신을 감시하는 CCTV가 달려 있는 기분이었다고 말이지요. 그 지인이 공동체 의식을 갖고자 하면서도 프라이버시 침해의 여지에 대해 주의를 기울이고자 노력했던 이유도 그런 까닭이 있지 않나 생각됩니다.

이쯤에서 우리는 '환대'라는 개념에 주목할 필요가 있습니다. 환대는 우애의 관계가 폐쇄된 끼리끼리 문화로 전락하는 부작용을 막아주는 요소 중 하나입니다. 환대는 '낯선 익명의 사람들', 즉 이방인, 난민, 이주민 등에 대해 공동체가 가져야 할 태도라고 할 수 있습니다. 이들과 공존하기 위해서는 자신과 다르고, 익숙하지 않은 사람들이 다가오는 것에 대해 환대해야 합니다.

현대사회에서 환대의 영역은 광범위하게 작동하지만, 여기에서의 맹점은 낯섦과 익명성이 결국 '관계없음'으로 향할 수 있다는 점입니다. 자신과 관계없는 사람들의 소식을 접하고, 그들과 거래를 하고,

벽 하나를 맞대고 지내는 것이 현대사회의 전형적인 삶의 유형입니다. 이는 낯선 익명의 관계가 확장되어 관계망의 환대를 넘어 오히려 관계망 자체를 파괴하고 해체한 경우라고 할 수 있습니다. 낯선 익명의 관계를 위생적이고 탈색된 관계로 만드는 '관계없음의 문명'에는 분명 문제가 있습니다.

이러한 상황에서 익명의 1인이 되고 싶지 않은 사람들이 공동체나 마을과 같은 관계망을 설립해 외로움과 고독으로부터 벗어나고자 행동하는 건 당연한 일일 겁니다. 그런 면에서 우애와 환대의 거리 조절이야말로 친밀하고 유대적인 관계망과 낯선 익명의 관계망 사이에서 취할 수 있는 탁월한 거리 조절이며, 그것이 곧 횡단성입니다.

횡단성이라는 개념에 접근하기 어려운 까닭은 그것이 굉장히 다의적인 면을 갖고 있기 때문입니다. 가타리는 횡단성을 어떤 집단 내부의 관계로 설명할 경우, 수평적인 관계의 가로선과 수직적 관계의 세로선 사이에 존재하는 무한하고 입체적인 중간 사선이라고 말했습니다. 여기에서 수직적인 것은 지나치게 경직되고 권위적인 관계를, 수평적인 것은 민주적이지만 무게감이 없는 관계를 의미합니다. 수직선과 수평선의 중간 사선인 횡단성 영역은 바로 집단 자율성의 영역이라고 할 수 있습니다.

수직선과 수평선을 집단적 배치(agencement collectif)를 통해 바라볼 때, 횡단성의 관점이란 '의미와 일' 영역과 '재미와 놀이' 영역 모두를 포괄하는 것이라고 할 수 있습니다. 이 중 수직적인 좌표의 '의미와 일'을 추구하면 권위적이고 무료하고 하나의 모델에 집중되

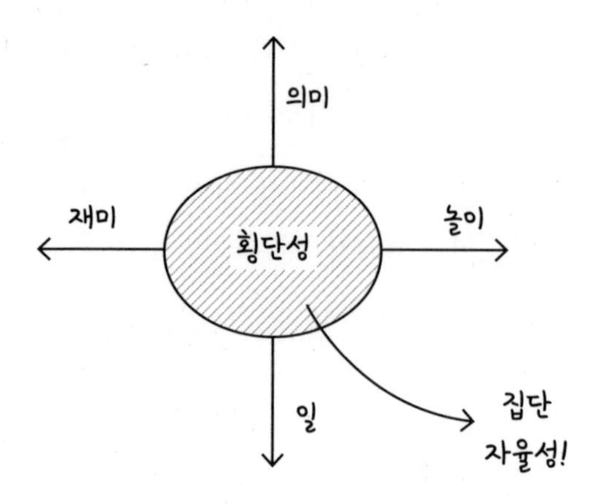

는 유형의 작업이나 노동, 기능이 등장합니다. 반면 수평적인 좌표의 '재미와 놀이'를 추구하면 여러 놀이와 여러 모델을 횡단하면서 재미는 느끼지만 그 일을 하는 의미를 되묻게 됩니다. 마치 미궁에 빠진 기분이 드는 것이지요. 정확하게 경계를 그어 어디까지가 이쪽이고 어디까지가 저쪽인지 말할 수 없으니까요. 그렇기 때문에 횡단성을 이해하기 위해서는 지혜와 정동이 필요합니다.

횡단성은 딱 맞는 열쇠를 넣으면 열리는 자물쇠처럼 문제를 해결하는 방식의 인과론적 개념이 아닙니다. 횡단성은 지극함과 현명함에 가까운 정동 개념입니다. 횡단성을 마치 섭생술(攝生術)이나 양생술(養生術)처럼 적절하게 사용할 때, 공동체의 배치에서 적절한 미시정치가 이루어질 수 있습니다. 다시 말해 너무 가깝지도 너무 멀지도 않은 적절한 수준의 거리 유지를 통한 사회적 관계의 형성이 필요하다는 얘기입니다. 이를테면 어떤 사람이 힘들어하면 가까이 다가가

돕지만, 문제가 해결되면 멀찌감치 다시 떨어져 원거리 지지대가 되는 방식이지요.

횡단성은 다의적인 방법론으로 인해 혼돈을 줍니다. 그럼에도 불구하고 사람들 간의 관계망이 형성한 집단적 배치에서 요구되는 예술적이고 미학적이고 윤리적인 지평을 이만큼 적절히 담고 있는 개념도 없습니다.

이를테면 원거리에서 사는 학생들에게는 수화기 너머로 들리는 엄마의 음성이 큰 위안이 됩니다. 동물들에게는 자신에게 관심을 가져주는 반려인들의 따뜻한 시선이 큰 힘이 됩니다. 이때 관계 자체는 한 편의 영화, 한 편의 연극, 한 편의 시가 됩니다. 그렇게 관계는 거리 조절의 미학, 배치의 재배치의 미학, 지극함과 정동의 예술을 통해서 만들어집니다. 타인에 대한 우리의 지극함과 절실함은 곧 한 편의 멋진 예술 작품이 될 것입니다. 츤데레처럼 착하면서도 악동 같고, 이기적이면서도 이타적이고, 협동하면서도 견제하는 친구가 발휘하는 우정이 큰 힘이 되는 것도 거리 조절이 갖는 입체적인 정동의 힘이기도 합니다.

'횡단적 고양이 시점'에서의 세계

횡단적 고양이 시점! 하나에 집중함과 동시에 이미 다른 곳에 관심이 가 있는 고양이의 모습을 저는 이렇게 설명합니다. 사실 그것은 저에게 큰 숙제였습니다. 대심이에게 무언가를 해주려고 할 때 이미 대심이는 다른 곳에 가 있었기 때문입니다. 눈곱을 떼어주고 발톱을 깎아주려고 할 때에도 대심이는 다른 것에 관심을 주고 있었습니다. 대심이가 집중할 때가 있다면, 그건 아마 장난감을 가지고 놀 때뿐일 겁니다. 그래서 횡단적 고양이 시점은 저에게는 큰 관심사이자 돌파해야 하는 하나의 미션이었습니다.

하나의 일이나 공부에 집중하고 몰두하는 것에 익숙한 사람에게 횡단적 고양이 시점을 보이는 사람은 요란스럽고 정신 사납게 느껴질 것입니다. 고양이들도 마찬가지입니다. 고양이들은 움직일 때 어떤 하나의 고정된 의미에 따라 움직이지 않는 것 같습니다. 어슬렁거리다가도 사료가 보이면 먹고, 장난감이 눈에 띄면 놀고, 자고 싶으면 자는 등 마냥 하고 싶은 대로 하는 듯 보이니까요.

가타리가 제시하는 횡단성의 또 다른 사례로는 야생마를 길들이는 과정입니다. 야생마를 길들이는 과정에서 가타리가 횡단성의 영역으로 포착한 것은 바로 차안대(遮眼帶)입니다. 마부는 처음에 말의 눈이 볼 수 있는 영역을 최소한으로 설정하여 말이 좁은 영역만을 응시하게 합니다. 그러면 말은 힘과 에너지를 온통 그곳에 집중할 수밖에 없게 되지요. 자유를 제한당한 말은 길길이 날뜁니다. 그러면 마부는 그제야 점차적으로 차안대를 열어줍니다. 말은 넓어져 가는 지평에 익숙해지는 동시에 그동안 좁은 영역만 본 영향으로 자신이 가야 할 방향을 결정하는 마부의 지시에 따르게 됩니다. 배치를 조절할 수 있는 능력이 생기는 것입니다. 그런 과정을 거쳐서 결국 마부는 말을 길들일 수 있게 됩니다.

이는 정신질환에 걸린 사람들에 대한 약물치료 과정에도 그대로 적용됩니다. 약물의 양을 최대로 하여 행동 방향이나 망상 등을 제어하다가 점차 약물의 양을 줄여 스스로 조절할 수 있게끔 하는 것이지요. 마치 코끼리가 어릴 적 자신을 말뚝에 묶어놓은 끈을 의식하며 자란 탓에 커서 충분히 달아날 수 있음에도 그것을 계속 의식하게 되는 상황과도 유사합니다. 이렇듯 횡단성은 거리 조절, 초점 조절, 힘 조절과 관련되어 있습니다.

이런 이야기를 상상해볼 수도 있겠군요. 제자가 한 선승에게 물었습니다.

"횡단성이 어디 있습니까?"

잠시 생각에 잠겨 있던 선승이 대답했습니다.

"그것은 달에도 있고, 그걸 가리킨 손가락에도 있고, 달과 손가락 사이에도 있고, 둘 모두에게 없을 수도 있다."

이런 얘기를 들으면 간화선(看話禪, 화두를 들고 수행하는 불교의 참

선법)의 수행법이 야속하기만 할 때가 있습니다. 대심이를 볼 때마다 횡단적 고양이 시점은 이 수행법과 비슷하다고 느껴집니다. 대심이가 보이지 않을 때면 저는 "대심이 뭐해?" 하며 아내에게 묻습니다. 그러면 아내는 "대심이 세수해, 아니 밥 먹어, 아니 놀러 나갔어, 아니…"라고 대답합니다.

종잡을 수 없는 대심이의 횡단적 고양이 시점은 저에게는 하나의 철학적인 숙제와도 같은 것입니다. 대심이는 횡단하는 고양이입니다. 한곳에 머물지도 않고, 하나의 행동만 하지도 않습니다. 심지어 가까워질 수도 멀어질 수도 없는 존재입니다. 그리고 무엇보다 분명한 건 유일무이한 존재, 하나뿐인 존재라는 사실입니다. 이렇게 횡단적 고양이 시점에서 보면 유일무이한 생명들 각자가 저마다의 세상을 만들기 때문에, 세상이 여러 개일 수도 있겠다는 생각도 듭니다.

가타리의 라 보르드 병원과 횡단하는 고양이

펠릭스 가타리는 라 보르드(La Borde) 정신병원에서 심리치료사로 활동하며 상담을 진행했습니다. 하지만 때로는 그곳에서 요리도 했고, 갑작스럽게 벌어진 격투와 분쟁의 현장에서는 해결사 노릇을 하기도 했으며, 미술 활동이나 음악 활동을 함께 하기도 했습니다. 라 보르드 병원은 프랑스 최초의 사설 클리닉으로 의사, 간호사, 스태프, 환자들이 복장 규정 없이 섞여 있었고, 각자가 하는 업무와 활동에 구분이 없었다는 점에서 매우 독특한 곳이었습니다. 그야말로 횡단성에 입각한 독특한 장소라고 할 수 있겠지요.

가타리가 기록한 '역할 분담표'라는 문건을 읽어보면, 스태프나 환자는 맨 처음 호감을 느낀 일을 시작하고, 자신의 일에 익숙해지면 다른 일로 넘어갔습니다. 늘 새로운 일을 해야 했기 때문에 지루할 틈이 없었지요. 횡단성에 입각한 활동을 했기 때문에 라 보르드 병원의 사람들은 항상 활력과 에너지를 유지할 수 있었을 겁니다.

가타리는 병원에서의 침상 배치와 같은 수평성과, '의사-간호사-환자'라는 수직성 사이의 횡단성을 구축하려고 했습니다. 그래서 의사, 간호사, 환자 등의 구분 없이 복장을 자유롭게 하도록 했지요. 이를 통해 하나의 역할, 기능, 직분에 따라 활동하는 것이 아니라, 누구나 그림을 그리고, 춤을 추고, 노래를 하고, 글을 쓰는 등 여러 가지 활동과 역할을 넘나드는 것을 추구했습니다. 이는 의사와 환자라는 이분법에 따라 자신의 역할을 이행하는 것에 머무르지 않았음을 의미합니다. 기존의 딱딱한 상담실에서 하는 내담자와 전문가 사이의 일대일 상담 대신 환자로 하여금 여러 문제 상황을 맞닥트리게 하면서 그 상황에서 자연스럽고 매끄럽게 벗어날 수 있는 자율적인 능력을 키우는 데 주력했던 것이지요.

어쩌면 라 보르드 병원에서의 다채로운 활동은 담벼락을 넘나드는 고양이와도 같이 횡단적 고양이 시점에 어울리는 인물들을 양성하는 과정이라고도 할 수 있겠습니다. 횡단하려면 일단 월담의 준비가 되어 있어야 합니다. 자신이 현재 서 있는 장소, 의미, 존재 기반 등을 휙 넘어서 다른 새로운 일에 착수할 수 있는 용기와 자신감도 필요합니다. 그것은 스스로의 존재를 넘나드는 월담이자 횡단일 수 있습니다. 자신 안에 있는 타자를 발견하고, 더 나아가 자신 안에 있는 타자보다 더 타자다운 면모를 어떻게 발휘할 것인지를 궁금해하는 색다른 실험 정신이 필요하기 때문이지요.

그런 점에서 우애와 환대의 관계망인 공동체에서는 친밀함을 낯섦으로 만드는 고양이의 색다른 능력이 필요합니다. 공동체는 그 구성원 각각이 모두 제 분야에서는 전문가이지만, 동시에 저마다 색다른 일을 해야 한다는 점에서 아마추어이기도 한 복잡한 관계망이라고 할 수 있습니다. 저는 공동체 활동을 시작하는 사람들에게 이렇게 묻곤 합니다.

"아마추어가 될 자신이 있습니까?"

그 말은 "당신은 횡단할 자신이 있느냐? 월담할 자신이 있느냐?"라는 말과 같은 의미를 갖습니다. 이 질문에 기꺼이 그럴 수 있다는 의지를 보여주며 공동체 활동을 시작한 이들은 가깝지도, 그렇다고 멀지도 않는 관계망의 거리 조절을 통해 멋진 예술 작품과 같은 '관계'를 만들어냅니다. 그런 점에서 횡단성은 물리적으로 움직이는 운동적인 속도가 아니라 순식간에 마음과 몸이 변용되고 사랑에 빠져 먼 곳으로 향해버리는 무한 가속의 속도를 가집니다.

대심이의 무한 속도에 저는 늘 미치지 못합니다. 허공을 보며 생각에 빠진 대심이에게서 잠깐 시선을 떼면 대심이는 어느새 다른 곳으로 가버립니다. 제자리에서 머물지만 늘 새로운 현실을 창조해내는 대심이의 횡단적 고양이 시점은 저의 마음을 들썩이게 만듭니다. 횡단하는 고양이 대심이를 보면서 저는 '관계'라는 아마추어 예술 작품을 만드는 저 자신을 생각합니다. 사실 부끄러운 일상들을 되짚어 보는 과정이지만요.

Lesson 4

반복이 빚어내는 새로움

•

편위

고대 그리스의 철학자 에피쿠로스(Epikouros)는 자유낙하 운동을 하던 원자가 비스듬히 떨어지면서 소용돌이를 일으킨다고 보고 '클리나멘(clinamen, 기울어져 빗겨감 혹은 벗어남)'이라는 개념을 언급했는데, 그것이 곧 편위(偏位) 운동입니다. 편위는 질 들뢰즈가 《차이와 반복》에서 언급한 '차이 나는 반복' 개념과 통합니다. 반복 속에 차이가 있고, 차이 속에 반복이 있는 생활, 생태, 생명은 편위로서의 우발성을 더욱 강건하고 강렬하게 만듭니다.

"식사!"

식사 당번인 제가 식사 준비를 마치면 이렇게 외칩니다. 그러고 나서 두 손으로 음식이 담긴 쟁반을 들고 식탁으로 가지요. 그러면 어김없이 또봄이가 저를 앞질러 식탁으로 달려갑니다. 또봄이는 저희 연구실에 사는 한 살짜리 고양이입니다. "식사"라는 말을 들으면 바로 식탁 밑으로 달려오는 또봄이의 행동은 저희와 어릴 적부터 해온 놀이입니다. 또봄이가 좋아하는 놀이가 또 하나 있습니다. 바로 낚싯대 따라잡기입니다.

아내는 식사를 하는 내내 오른손으로 밥을 먹으면서 왼손으로는 고양이 낚싯대를 휘두르는 놀라운 신공을 펼치곤 합니다. 자세히 살펴보면 그 기술이 참으로 현란하고 신묘합니다. 같은 방향만 왔다 갔다 하는 저의 단조로운 움직임과는 달리, 멈췄다가 다시 움직이거나 묘한 그림을 그리기도 합니다. 그야말로 다채로운 변용(affection)의 흐름이지요. 또봄이는 아내의 기교에 반해 놀이에 흠뻑 빠져버립니다. 그 모습을 바라보던 제가 문득 궁금해져서 물었습니다.

"대체 어떻게 하는 거야? 이렇게?"

제가 아내를 흉내 내며 낚싯대를 움직이자 아내는 고개를 흔듭니다. 그러면서 멈출 때와 움직일 때를 잘 알고, 고양이의 태도와 욕망을 잘 관찰하고, 고양이의 마음으로 생각하라고 주문합니다.

기가 찰 노릇입니다. 어떻게 고양이의 마음으로 보라는 이야기를 그렇게 쉽게 할 수 있는 걸까요? 아니, 고양이의 마음과 제 마음이 일체(一體)가 될 수 있기는 한 걸까요? 아내의 설명에 따르면, 잠시 놀이를 멈추고 숨을 고를 때, 몸을 웅크린 채 장난감을 노려보는 고양이는 그저 자신 앞에 놓인 낚싯대만 보는 것이 아니랍니다. 고양이 낚싯대를 든 아내의 모습 역시 지켜보고 있다는 겁니다. 낚싯대뿐만이 아니라 낚싯대를 흔드는 아내 역시 고양이에게는 놀이의 일부이자, 설정의 일부인 셈이지요. 고양이는 장난감과 자신 사이의 맥락만이 아니라, 그 바깥에 있는 집사라는 탈맥락까지지도 인지하고 있다는 것입니다. 더불어 그 둘을 지켜보는 저까지 포함하는 초맥락까지도 말이지요.

이런 구도는 인류학자 그레고리 베이트슨(Gregory Bateson)이 얘기했던 '맥락-탈맥락-초맥락'의 구도를 그려보게 만듭니다. 그에 따르면 관계의 맥락을 판단할 때, 관계의 대상만이 아니라 관계 자체와 관계를 형성하는 또 다른 관계까지도 바라보아야 합니다. 결국 대상을 인식한다는 것은 대상과의 관계, 관계의 관계, 관계의 관계의 관계를 인식하는 것으로 무한 연쇄된다고 할 수 있습니다.

다양한 관계의 배치와 재배치는 또봄이와의 놀이를 다채롭고 풍부하게 만듭니다. 저의 관점에서 봤을 때 또봄이와의 놀이는 하나의 사건입니다. 생명과 나의 마주침이며, 다른 존재와 나 사이에 희뿌연 구름과 같은 중간 현실이 마련되는 시간이지요. 그것을 '사이주체성(inter-subjectivity)'이라고도 합니다. 이는 반복되는 일상을 멈추게 하는 하나의 차이를 창조하는 것이자, 특이한 시간, 유별난 시간, 차이 나는 시간을 창조하는 것과도 같습니다. 그렇기 때문에 또봄이와 놀 때 저는 완전히 새로운 세계와 접속하는 듯한 느낌을 받지요.

'차이'라는 구성 요소는 놀이를 할 때 필수적입니다. 놀이에는 반복만 있어도 안 되고, 차이만 있어도 안 됩니다. 차이 나는 반복의 오묘한 선을 타야 합니다. 거기에는 스토리가 있고, 묘한 생명의 움직임이 있어야 합니다. 그런 면에서 놀이에 관해 저는 아직 초심자입니다. 차이를 다양하게 연출하고 반복의 심도를 깊게 하는 것에 익숙하지 않으니까요. 반복을 차이로 만들고, 차이를 반복으로 만드는 예술적이고 미학적인 기법에 대해서 저는 아직 접근하지 못했습니다.

고양이 행동 풍부화 전략으로서의 클리나멘

"연구소를 차려보는 것이 어때?"

어느 날 저녁, 저는 아내에게 제안했습니다.

"무슨 연구소?"

아내가 되묻더군요.

"고양이 행동 풍부화 전략 연구소!"

장난스러운 제안이었지만, 아내는 그리 싫지 않은 눈치였습니다. 잠이 많은 대심이, 행동이 굼뜬 달공이, 수줍은 모모에게 좋은 일이겠다는 생각도 들었습니다. 또봄이는 예외입니다. 또봄이는 늘 "식사"라는 말에 뛰어나올 준비가 되어 있는, 행동하고 놀이하는 고양이니까요.

고양이 행동 풍부화 전략에 걸맞은 철학 개념이 무엇일까 고민해 본 적이 있습니다. 가장 먼저 떠오른 사람은 에피쿠로스였습니다. 에피쿠로스는 원자의 비스듬한 낙하가 서로 부딪혀 소용돌이를 일으키는 편위 운동인 클리나멘의 개념을 주장했습니다. 저는 이 개념만큼 고양이의 행동을 풍부하게 만드는 근원적인 원천을 설명해 줄 개념도 없을 거라는 생각이 들었습니다. 우발적 사건으로부터 연유한 다양성과 풍부함, 특이함을 설명하는 데 클리나멘처럼 맞춤한 개념은 없을 것이기 때문입니다.

에피쿠로스에 앞서 고대 그리스의 철학자 데모크리토스(Democritos)는 세상에서 가장 기본적인 입자이자 쪼개지지 않는 최소 물질로 원자(atom)를 지목했습니다. 데모크리토스는 물질의 최소 단위인 원자는 소멸하지 않고 순환한다고 보았습니다. 그에 따르면 지금 제 안경테를 이루고 있는 원자는 오래전 공룡의 코였을 수도 있는 것이지요. 이런 원자론의 입장에서는 원자의 총량에 변화가 없습니다. 그저 흘러가는 시간에 따라 존재하는 공간을 바꿔가면서 순환할 뿐이지요. 에피쿠로스는 이것을 원자가 드러내는 영원회귀(永遠回歸)라고 말합니다. 원자의 숫자가 변화 없이 보존되는, 다시 말해 영원히 반복되고 순환하는 세계상을 그린 것이지요.

에피쿠로스는 데모크리토스 사상을 계승한 것에서 한 발 더 나아가 전혀 색다른 원자의 구도를 그려냅니다. 우선 원자의 자유낙하 운동을 상상합니다. 비가 하늘에서 떨어지는 장면을 상상해보세요. 모

데모크리토스 : 세계는 원자로 구성되어 있다.
원자는 불변이고, 순환하며,
그래서 세계는 영원히 반복된다.

에피쿠로스 : 세계는 원자로 구성되어 있다.
원자는 충돌하고, 소용돌이를 만든다.
세계는 돌발적이고 우발적인 사건이 연속된다.

든 비가 수직으로 낙하하지는 않을 겁니다. 비스듬하게 떨어지는 빗방울도 있겠지요. 이런 형태의 낙하운동은 원자끼리의 충돌을 유발합니다. 이 충돌은 원자들 사이의 영역에서 소용돌이 운동을 펼쳐지게끔 합니다. 클리나멘은 인과관계에 따라 딱 맞아떨어지도록 설계된 세계상에서 벗어나 우발적이고 돌발적인 사건이 발생되는 세계상으로의 이행을 의미합니다. 이를 통해 우연성은 필연성에 종속된 나약하고 취약한 것이 아니라, 강건하고 돌발적이고 풍부한 잠재력을 가진 것으로 재탄생하게 됩니다. 클리나멘은 사건성, 특이성, 우발성 사상의 가장 근간이 되는 개념이라고 할 수 있습니다. 에피쿠로스의 돌발적이고 과감한 사상적 도전의 산물이라고도 할 수 있겠지요.

그렇다면 이러한 소용돌이 운동이 고양이 행동 풍부화 전략과 무슨 연관이 있을까요? 고양이와 저의 우발적인 마주침은 마치 원자와 원자가 비스듬히 움직이다가 소용돌이를 일으키는 모습과 닮아 있습니다. 다시 말해 원자의 클리나멘은 고양이가 풍부하고 다채롭게 행동할 수 있는 원천과도 일맥상통한다고 할 수 있습니다. 고양이가 어떻게 움직일지는 누구도 예측할 수 없습니다. 고양이의 행동은 비선형적이고 돌발적이고 우발적입니다. 그것은 우리를 깜짝 놀라게 하거나 의외의 기쁨을 선사합니다. 고양이가 집 안에만 산다고 하더라도 특유의 동물행동학적인 특성은 사라지지 않습니다. 외부 환경으로부터 분리된 개체라도 외부에서 보여주었던 먹이행동이나 취각행동, 생식행동, 영토행동, 무리행동 등의 특성은 여전히 갖고 있으며, 집사들은 이를 놀이로 새롭게 재해석할 필요가 있습니다.

우발성을 세계의 구성 요소로 받아들이면, 우리의 존재는 새롭게 재구성됩니다. 즉 '어제의 나'와 '오늘의 나'와 '내일의 나'는 하나의 정체성이나 자아를 가지고 있으며 계속 똑같다는 생각이 도전받게 되는 것입니다. 같은 맥락에서 어제의 고양이, 오늘의 고양이, 내일의 고양이는 끊임없이 우발적인 사건을 일으키며 새롭게 생성하는 주체성을 띠게 됩니다. 즉, 원자의 클리나멘이 그려낸 세상은 원자의 비스듬한 편위 운동처럼 매 시간마다 다르고 매 순간마다 끊임없는 생성과 창조를 거듭하며 사건을 만듭니다. 이를 통해 하나의 문제 설정으로서의 나, 생명의 세계가 개방되는 것입니다.

사실 계속해서 고양이가 달라진다고 생각하면 어딘지 이상하게 느껴질 수도 있습니다. 내 옆에 누워서 꾸벅꾸벅 조는 고양이는 늘상 제자리에 있는데 끊임없이 생성하고 창조되고 달라지는 고양이라니요? 그러나 고양이는 매번 달라져 있습니다. 끊임없이 다른 고양이로 생성하고 우발적인 사건을 일으킵니다. 세상에 늘 똑같은 고양이는 어디에도 없습니다. 그래서 놀이의 영역에서 또봄이의 생성과 창조의 힘을 따라갈 수 없었나 봅니다.

원자의 편위 운동에 대한 긍정은 실존에 대한 긍정, 사건성에 대한 긍정, 우발성에 대한 긍정입니다. "고양이는 그냥 고양이일 뿐이야!"라고 빤하게 보는 시선은 결국 고양이의 행동을 단조롭고 비루하게 만들 것입니다. 어제와 다른 연출을 하고, 내일 또 색다른 연출을 하는 것이야말로 고양이와의 놀이 비법이라고 할 수 있을 겁니다. "스토리를 만들어야 한다. 고양이의 마음을 응시해야 한다. 항상 새로워져야 한다"는 아내의 말이 이제 조금은 이해가 갑니다.

'고양이 행동 풍부화 전략 연구소'는 일종의 실험입니다. 어쩌면 한 번도 시도해보지 않았던 색다른 실험의 장이 될 수도 있습니다. 연구소 초대 소장은 단연코 제 아내가 적임자입니다. 아무래도 고양이의 풍부한 행동에 대한 진실을 이미 알고 있기 때문이겠지요. 저는 아내에게 "혹시 숨겨둔 기술이 있는 것 아니야?"라고 물어봤다가 "당신은 진심으로 고양이를 위하는 마음이 있기는 한 거야?"라고 면박을 당하기도 했습니다. 분명 무언가 있을 것이라는 예감은 드는데, 그 무언가에 도달하려면 전 아직 멀었다는 생각도 듭니다.

저는 오늘도 또봄이 앞에서 고양이 낚싯대를 들고 이리저리 왔다 갔다 합니다. 그러나 또봄이는 아내와 놀던 때의 흥과 재미를 느끼지 못하고 아내에게로 달려가버립니다. 저는 아마도 '고양이 행동 풍부화 전략 연구소'의 연구원 수준도 못 되는, 견습생이나 수습 정도의 집사인 것 같습니다. 그런데 최근 아내로부터 배운 비장의 방법론이 하나 있습니다. 바로 차이 나는 반복, 반복하는 차이입니다.

차이와 반복의 오묘한 조화

고양이와의 놀이 시간은 저로서는 색다른 '차이 나는 반복'을 발견하는 시간이기도 합니다. 고양이 낚싯대를 드리우면서 "고양이 잡는 달인이 되겠다"라고 매번 입버릇처럼 얘기하지만, 이미 아내의 현란한 기술에 도취된 고양이들은 저에게 도무지 낚이지 않습니다. 눈이 높아질 대로 높아진 또봄이는 특히 더 잘 낚이지 않지요. 그럼에도 불구하고 저는 온갖 잔재주를 동원해 또봄이의 마음에 들기 위해 노력합니다.

우리는 흔히 동물들이 동일한 행동을 반복하기를 좋아한다고 생각합니다. 이러한 사회 통념은 동물원이나 공장식 축사에서 동물이 보이는 '정형행동(定型行動)'이라는 증거에 기반합니다. 정형행동은 좌우로 왔다 갔다 하거나, 계속 먹이를 먹거나, 뱅글뱅글 돌거나, 고개를 꾸벅꾸벅 하는 등 반복적인 행동을 하는 걸 의미합니다. 이러한 동물의 정형행동은 비극적이게도 비좁은 환경이나 열악한 조건에서 그들의 정신세계가 파괴되었음을 의미합니다. 쉽게 말해 미쳐버린 것입니다.

질 들뢰즈는 저서 《차이와 반복》에서 차이 나는 반복의 지평을 보여주었습니다. 이는 생명, 생태, 생활이 갖고 있는 다채롭고 풍부하며 우발성에 기초한 행동들에 대해 설명할 수 있는 전거(典據)입니다. 여기에서 반복은 순환, 재생, 되살림, 중복, 함입, 재진입 등과 관련된 개념이고, 차이는 다양성, 특이성, 사건성, 우발성, 다극성, 다의미성 등과 관련된 개념입니다. 흔히 반복은 녹색의 사상으로, 차이는 적색의 사상으로 분류됩니다. 들뢰즈는 녹색의 사상과 적색의 사상을 종합하여 '차이 나는 반복'이라는 적녹연정의 상상력으로 우리를 이끕니다.

차이는 반복을 만나 강건해지고, 반복은 차이를 만나 새로워집니다. 이렇듯 차이는 반복을 필요로 하고, 그 역도 성립됩니다. 생명, 자연, 우리의 삶은 차이에 반복을 응용하고, 반복에 차이를 발생시킵니다. 생명, 생태, 생활이 보여주는 차이 나는 반복의 양상은 회복탄력성(resilience), 임기응변성, 생태완충성 개념으로도 설명됩니다. 자, 이쯤에서 고양이 놀이 시간으로 돌아가보지요. 놀이의 과정은 차이가 반복을 만나는 시간이자, 반복이 차이를 만나는 시간입니다. 생명이 반복을 만나 순환하고 재생될 뿐만 아니라, 차이를 만나 우발성, 사건성, 특이성을 드러내는 시간인 것입니다. 이 대목에서 저는 생명에 대한 경외를 느낍니다. 놀이의 난장은 환희와 경외, 경탄으로 이어집니다.

차이와 반복의 앙상블, 나의 놀이 견습기

또봄이의 놀이를 살펴보면 생명은 선악도 모르고, 죄의식도 없으며, 순수하고 투명한 존재라는 생각이 듭니다. 생명의 삶은 순환, 주기, 반복, 후렴으로 가득 차 있지만, 그것이 하나의 미리 결정된 운명은 아니라고 생각합니다. 동물들이 태어나고, 자라고, 죽는 것은 순환하는 원자의 형태라고도 생각할 수 있습니다. 라마 불교의 윤회 사상이 떠오르는 것은 그 이유 때문입니다.

자연과 생명에는 사계절, 밀물과 썰물, 아침-점심-저녁과 같이 순환하고 회귀하고 반복되는 영역이 있지만, 동시에 특이성, 사건성, 우발성이라는 특성을 지닌 차이의 영역도 있습니다. 자연과 생명의 존재인 동물은 물건처럼 바꿀 수도 없고, 공산품처럼 공장에서 찍어낼 수도 없습니다. 동물들은 반복 행동을 하면서 자신의 역량을 갖추지만, 그 매번의 반복을 똑같이 수행하는 것은 아닙니다. 그런 점에서 또봄이는 유일무이하고 단독적인 존재입니다. 또봄이는 세상에 단 하나밖에 없는 존재라는 의미에서 특이하고, 이 순간이 그 생애에 단 한 번밖에 없는 순간이라는 의미에서도 특이합니다. 이러한 또봄이의 특이성은 유일무이한 존재로서의 소중함으로 다가옵니다.

요전 날에도 또봄이는 힘이 다 빠질 정도로 놀고 나서야 아내를 놔줬습니다. 그 중간에는 여러 사건이 있었습니다. 또봄이와 놀아주는 동안 아내는 조곤조곤 저에게 놀이 방법을 설명했습니다. 낚싯대를 위로 돌리면서 용을 상상해보라고 하기도 했고, 두더지를 상상해보라고도 했습니다. 또한 이리저리 낚싯대를 움직이며 초등학교 운동회를 상상하라고도 했습니다. 저는 그 지시에 따라 상상력을 발휘해서 "용 꼬리 같다", "두더지 숨었네", "달리기 시합이야"라고 추임새를 넣으며 낚싯대를 흔들었지만, 아내에게 큰 호응을 얻지는 못했습니다. 반복하되 차이를 주는 놀이법을 암기식으로 외웠으나 사실 힘을 빼고 온몸이 그 경지로 향해 가지 못해 저의 놀이는 인위적이고 작위적인 냄새가 풍겼습니다. 또봄이는 이내 그걸 간파하고 저의 놀이에 호응하지 않았습니다.

저는 비장의 무기로 놀이에 대한 색다른 프로그램을 준비했습니다. 멈춤과 움직임을 시간 차를 두고 함으로써 반복 속에 차이를 주는 고난이도 놀이 방법이었습니다. 일단 낚싯대에 걸린 어묵이나 줄을 움직이다가 갑자기 멈춥니다. 호흡조차도 멈추면 또봄이는 무슨 일인가 하며 낚싯대에 관심을 갖다가, 점차 몸을 도사리고 달려듭니다. 그때 갑자기 도주하듯 낚싯대를 낚아채서 이리 저리 움직이면 또봄이는 미친 듯이 놀이에 빠지게 됩니다. 만일 또봄이가 익숙해져서 지루해하면 그러한 멈춤과 움직임의 조절을 반복합니다.

"하하하, 방법을 알았어, 알았단 말이야."

저는 오만과 자만의 기운을 드러내며 또봄이와의 놀이의 본질과 궁극을 다 알았다는 듯이 굴었습니다. 그러나 또봄이는 처음 한 달 동안은 그렇게 저의 작전에 말려들었다가, 결국 시큰둥해졌습니다. 그리고 "에에엥" 하면서 아내에게 다시 달려가버렸지요.

저의 매너리즘이 가장 문제였습니다. '기술적인 측면에서 약간의 차이를 가미하면 되겠지'라고 생각하고 또봄이를 다소 빤하게 생각했던 것이지요. 늘 생성하고 창조함으로써, 새로운 장을 여는 연출법에는 젬병이었던 것입니다. 들뢰즈의 차이 나는 반복 개념을 글로는 알고 있었지만, 또봄이와의 놀이에서만 하더라도 저는 익숙한 반복, 동일한 것의 반복, 빤한 반복의 나락으로 끊임없이 떨어졌던 것입니다. 그때마다 큰 호통과 꾸짖음으로 저를 각성시키는 것은 늘 아내였습니다.

"이거 봐, 이거. 매너리즘에 빠져서 어제하고 똑같잖아."

저는 뜨끔했습니다. 늘 표면적인 기술이나 쉬운 방법을 찾다 보니, 또봄이가 세상에서 유일무이한 존재이고 늘 생성하고 창조하는 생명이라는 사실을 종종 잊을 때가 많습니다. 그런 저의 태도는 금방 아내에게 간파당하고 맙니다.

또봄이와의 놀이 시간은 저를 매번 생명과의 접속이라는 인생의 숙제 앞에 서게 합니다. 더불어서 아내 앞에서 생명을 대하는 태도를 검증받는 시험대에 오르는 기분입니다. 저는 놀이를 하면서 또봄이가 던지는 호기심과 물음표에 절반이라도 응답하려고 노력하는 집사입니다. 잔뜩 웅크린 채로 고양이 장난감을 노리는 또봄이를 바라보면서 에피쿠로스의 클리나멘 개념부터 들뢰즈의 차이 나는 반복까지 시간의 수평선을 넘나드는 철학적 질문이 떠오르는 오후입니다.

이제 또봄이와 한바탕 놀아야겠습니다. 시간이 없습니다. 생명이 던진 물음표에 답할 시간은 계속 반복적으로 다가오기 때문입니다. 우발성이 특이점이 되는 또봄이와의 놀이 시간이 참 좋습니다. 또봄이의 활력과 에너지는 늘 뜨겁습니다. 저는 거기에 질질 끌려 다니는 집사지만, 그 역시 싫지만은 않습니다.

Lesson 5

떠나지 않고서도 여행하는 법

•

노마드

노마드(nomad)는 들뢰즈와 가타리가 《천 개의 고원》에서 선보인 자유로운 행위양식에 대한 개념입니다. 정주민이 갖고 있는 고정관념이 아니라, 이리저리 횡단하면서도 국지적인 영역에 대해서 촉지적 감각을 열고 그 깊이와 잠재성을 발견하려는 자세가 곧 노마드적 태도라고 할 수 있습니다. 동시에 노마드는 자신을 속박하는 모든 것에 전쟁을 선포한다는 점에서 전쟁 기계이기도 합니다. 이번 수업에서는 노마드를 제자리에서 여행하는 법을 알려주는 개념으로 주로 소개하였습니다.

여덟 살 고양이 달공이에게 15평 남짓한 저희 연구실은 우주이자 세계입니다. 달공이는 구로동 인근의 뒷골목에서 울고 있던 엄마 잃은 아깽이였습니다. 달공이는 다정다감하지만 수줍음이 많아서 사람들이 오면 구석에 숨어서 살짝 밖을 바라보곤 합니다. 하지만 자신의 작은 영토가 갖고 있는 다양한 색채, 향기, 음색, 맛 등에 민감하기 그지없는 고양이지요. 달공이는 이곳으로 이사 온 이후로 7년 동안 단 한 번도 연구실 밖으로 나간 적이 없습니다. 그렇지만 자신의 둘레환경이 갖고 있는 의미와 질서, 배치 등에 대해서 누구보다도 잘 알고 있는 고양이입니다.

달공이는 다른 고양이들과 우르르 몰려다니며 사냥 놀이를 하다가 지치면 온종일 창밖을 바라보기도 하고, 까치들과 알 수 없는 신호를 교신하기도 합니다. 또한 고양이 화장실 청소를 똑바로 하지 않았다며 집사들에게 한참 동안 잔소리를 늘어놓다가, 늘 그 자리에 있는 물통으로 가서 물 한 모금을 마시고 자신의 몫으로 정해진 책상 위의 담요에 눕습니다.

제자리를 벗어나지 않고도 충만한 삶을 사는 듯한 달공이를 보면 인식의 범위를 제한하고 한정하는 기술, 즉 범위 한정 기술이 떠오릅니다. 이는 현상학에서 비롯된 개념으로 펠릭스 가타리는《기계적 무의식》에서 종의 영역에서의 리토르넬로(ritornello, 되풀이되는 리듬)를 통한 영토의 기호화, 리듬의 기호화 현상을 설명할 때 이 개념을 사용했습니다. 현상학은 '우리의 앎이 어떻게 가능한가?'라는 근본적인 질문을 던지는 철학으로 앎은 모든 것에 대해서 열려 있다고 성립되는 것이 아니라, 일정한 범위로 한정시켰을 때 가능하다는 생각을 피력합니다. 이렇게도 얘기해볼 수 있습니다. 사방의 모든 소음과 잡음에 반응한다면 저는 어떻게 책을 읽을 수 있을까요? 만약 제 무릎 위에 올라온 달공이의 갸르릉 소리, 컴퓨터 소리, 은은히 들려오는 음악 소리부터 부엌에서 들려오는 주전자의 물 끓는 소리까지 저를 둘러싼 환경에 제 모든 감각이 열려 있다면, 저는 책을 한 줄도 제대로 읽을 수 없을 것입니다. 물론 외부로부터의 침입에 대한 경계는 본능적으로 끊임없이 하겠지만, 일정한 범위로 신경과 감각을 집중했을 때라야 비로소 인식 체계가 작동하기 시작합니다. 즉 범위 한정 기술은 인식의 성립 조건이라고 할 수 있습니다.

앎은 정보량이 많아야 성립되는지 적어야 성립되는지의 문제도 이와 연관되어 있습니다. 수많은 정보를 접하고 있는 환경에서 앎과 인식은 성립되지 않을 것입니다. 대량의 정보를 분류하고 처리하는 과정에 이내 지칠 테니까요. 오히려 정보 값이 적을수록 앎이 비로소 가능하게 됩니다. 정보 엔트로피 값이 높을 경우에 앎이 성립된다는, 배움에 대한 기존의 교육관은 수많은 정보와 지식을 달달 외우는 식의 수용자적 태도로 공부하게 만들었습니다. 그러나 정보 엔트로피 값이 낮아야 비로소 습(習)으로서의 앎을 체득할 여지가 생깁니다.

예를 들어 과거에 도예 장인의 문하에 견습생으로 들어가면 처음

일 년 동안 불만 지피고, 그다음 일 년 동안 흙만 반죽하는 방식으로 훈련하던 것이 습으로서의 앎을 획득하는 과정입니다. 아주 단순하고 정해진 일들을 반복적으로 행함으로써 불의 상황, 흙의 상황을 충분히 익히는 것이지요. 고양이 달공이 또한 좁은 연구실에 머물지만 범위 한정 기술을 통해 세계에 대한 지혜에 도달했을지 모릅니다. 저는 달공이를 무릎에 올려놓고 쓰다듬으면서 대부분 작업을 합니다. 달공이는 모니터를 통해 보이는 화면 속 세상에 대해서도 이따금 관심을 보입니다. 물론 범위 한정 기술에 따른 작은 세계 속 사건이지만 말이지요.

달공이는 모든 감각을 자신이 머무르는 장소 한곳에 집중하여 촉지적 공간을 열어냈습니다. 촉각과 느낌으로 자신이 사랑받는 중임을 느낄 수 있는 공간을 연출한 것이지요. 달공이에게는 연구실이라는 가장 국지적인 장소가 자신의 느낌과 감각이 아로새겨진 거대한 우주와도 같은 곳입니다. 달공이가 전용으로 사용하는 담요와 방석이 놓인 공간에는, 외부와 격리된 실내 환경의 따뜻함과 부드러움, 달콤함 같은 것이 새겨져 있습니다.

고양이의 노마드, 노마드의 고양이

역사 속에서 야생의 고양이는 들뢰즈와 가타리가 말한 노마드, 즉 유목민처럼 이리저리 유랑하듯 서식하는 삶을 살아왔습니다. 그런 고양이들에게 어느 날 놀라운 일이 벌어집니다. 인간 사회 속으로 뚜벅뚜벅 고양이가 스스로 들어온 것입니다. 그리고 유랑하던 자신의 습성을 놀랍게도 제자리에서 여행하는 습성으로 바꾸어버립니다. 이를 두고 어떤 사람들은 인간을 길들이기 위해서 고양이가 인간 사회에 들어온 것이라고 하더군요. 개는 인간이 길들였지만, 고양이는 인간을 길들인 것입니다. 고양이가 인간 사회에 등장한 것은 하나의 파문입니다. 이토록 독립심 강하고 언제 노마드로 변신할지 알 수 없는 동물이 인간 사회에 떡하니 자리 잡은 것이 말입니다. 그런 점에서 볼 때 인간이 동물을 길들인다는 설정과 목표를 인류가 포기해야 하는 것은 아닌지 모르겠습니다. 오히려 고양이가 인간을 길들이는 우아한 과정에 인류가 적응해야 할지도 모르겠고요.

들뢰즈와 가타리는《천 개의 고원》에서 유목민, 즉 노마드의 철학을 펼칩니다. 이를 두고 천규석은《유목주의는 침략주의다》(실천문학사, 2006)에서 국경을 넘나드는 초국적 자본이 등장한 신자유주의를 예감한 역사적 무의식의 발호라고 말합니다. 들뢰즈와 가타리가 함께 쓴《천 개의 고원》은 정주민 유형의 국가주의에 맞서 자유인, 유랑인, 예술가 유형의 노마드 중심의 자유로운 사유 체계를 설립하고자 합니다.

특히 이 책에 등장하는 '왕립과학'과 '유목과학'의 대조는 매우 독특합니다. 들뢰즈와 가타리에 따르면 왕립과학은 전문가들을 등장시켜 기획하고 설계하는 방식이고, '~은 ~이다'라는 정의를 바탕으로 대답을 내리는 아카데미의 작동 원리를 따릅니다. 이에 비해 유목과학은 공유지에서의 노하우나 장인의 지혜처럼 '~은 ~일까?'라는 방식으로 문제 제기를 하면서 스스로 체득하는 원리를 갖고 있으며 존재 자체로 물음표를 던지는 생명, 아이, 소수자의 학문입니다.

여기에서 우리는 왕립과학과 유목과학이 '대답인가? 문제 제기인가?'라는 지점에서 대조적인 입장임을 알 수 있습니다. 대답은 본질이나 이유에 대해서 빤하게 알고 있다는 방식의 태도를 취하게 만듭니다. '나는 전문가니까', '나는 이미 그 의미를 알고 있으니까', '나는 단정 내릴 권력을 갖고 있으니까' 등의 맥락이 여기에서 형성되겠지요. 그러나 문제 제기는 본질과 이유가 아닌 작동과 양상을 응시합니다. 하나의 문제 제기에 대답이 여럿일 수도, 모두가 대답일 수도, 대답이 아예 없을 수도 있습니다. 대답이라는 설정은 사물과 표상의 일대일 대응으로 이루어진 단 하나의 정답을 갖고 있는 데 비해, 문제 제기라는 설정은 사물 속에 숨어 있는 다채롭고 풍부한 잠재성을 바라볼 여지를 만들어냅니다. 그런 점에서 왕립과학은 표상주의에, 유목과학은 구성주의에 기반하고 있다고 볼 수 있습니다. 표상주의의 입장에서 대답은 하나지만, 구성주의의 입장에서 대답은 여러 개일 수도, 모두일 수도, 답이 없을 수도 있습니다. 그리하여 표상주의는 객관적 진리론이라고 일컬어지고, 구성주의는 '앎=함(행동, 실천)=삶'의 지혜라고 불립니다. '~은 ~이다'라고 정의 내릴 수 있는 위치에 있다는 사실이 짜릿한 권력의 희열을 만들어낸다는 점은 분명합니다. 그러나 사물, 생명, 자연, 기계 등의 잠재성과 깊이는 하나의 의미로 쉽게 단정 지어지고 정의 내려질 수 있는 영역이 아닙니다. 사물, 생명, 자연, 기계에는 수많은 의미, 표상, 정서가 담겨 있기 때문입니

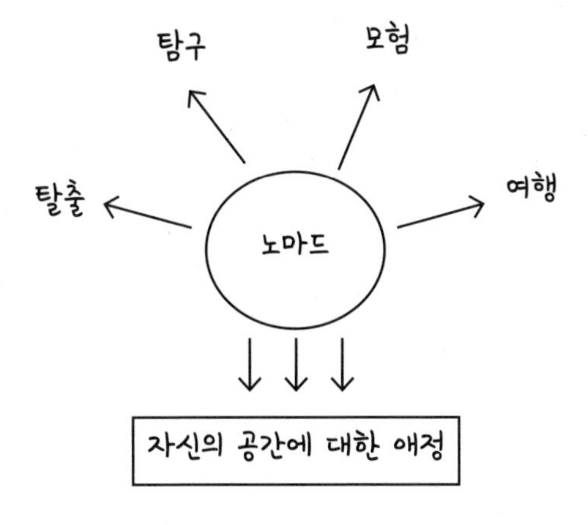

다. 그런 점에서 왕립과학은 기능, 역할, 직분, 본질, 이유에 대해서 쉽게 정의 내리는 사람들을 양산하는 학문의 질서를 만들어내고 있는 셈입니다. 반면 유목과학은 생명과 자연의 잠재성을 응시하며 그것들이 던지는 거대한 질문에 대해 고민하고 깊이 사색하는 학문의 질서를 만들어냅니다.

노마드는 일종의 실험이자 실천입니다. 한곳에 머무르지 않고 늘 횡단하고 이행하고 변이하는 사유와 행동의 양상이 바로 노마드입니다. 노마드는 이동의 측면에서는 모빌리티(mobility)와 유사하지만 행동방식 및 사유방식의 차이를 갖습니다. 이를테면 이미 스케줄이 정해진 관광과 미지의 곳으로 향하는 여행의 차이점이 여기에서 비롯됩니다. 모빌리티가 관광이라면, 노마드는 여행입니다. 전 세계적으로 해외여행이 보편화되고, 비행기로, 자동차로, 기차로 빠르게 이동하는 사람들이 늘고 있지만, 그들이 모두 노마드인 것은 아닙니다다. 오히려 국지적 영역에 머무르면서도 둘레환경에 대한 촉지적 감각을 갖고 있으며 이에 대한 사랑과 지혜가 가득하다면 그 사람이 바로 노마드입니다. 물론 모든 것을 훌훌 벗어던진 채 배낭 하나 달랑 메고 언제라도 여행을 떠날 수 있다면 노마드라고 볼 수 있습니다. 왜냐하면 들뢰즈와 가타리에 따르면 언제든 떠날 수 있는 사람은 가까이 존재하는 것들의 깊이와 잠재성에 대한 촉지적 감각을 갖고 있기 때문입니다. 일상으로부터의 탈출은 새로운 삶의 방식을 발견하기 위해서 자신이 접하지 못한 색다른 환경과 접속하는 것에서 출발할 수도 있습니다.

국지적 절대성, 제자리에서 여행하는 법

어린 시절 길냥이 한 마리가 잠시 저희 집에 머문 적이 있습니다. 어느 날 집에 들어온 녀석에게 저는 먹다 남은 밥을 된장국에 말아서 내밀었지요. 그것을 맛있게 받아먹고 나자 녀석은 제 집인 양 마루에서 편안하게 잠을 잤습니다. 녀석은 그 후로 몇 달을 저희 집에 머물다 어느 날 홀연히 떠났습니다. 그 길냥이는 노마드 고양이였습니다. 저를 가깝고 친근하게 대했지만, 구속, 간섭, 참견에는 거리를 두고 경계했습니다. 늘 떠날 준비가 되어 있었던 동시에 자신의 장소에 대한 애정과 감각은 누구보다 발전되어 있었지요. 아마 떠날 준비가 되어 있었기 때문에, 찰나의 순간과 둘레환경의 느낌에 더 충실할 수 있었던 것 같습니다.

여기에서 '새로움을 발견하기 위해서 전 세계를 여행해야 할까? 아니면 가까이 있는 사람의 깊이와 잠재성을 발견해야 할까?'라는 질문이 등장합니다. 엄밀히 말해 둘 다 맞는 얘기입니다. 멀리 떠나더라도 고정관념을 갖고 있다면 유목민이 아니고, 떠나지 않더라도 언제나 새로움을 발견하고자 하면 정주민이 아니기 때문입니다. 고양이들은 늘 떠날 준비가 되어 있지만, 자신이 머무르는 장소에 대한 독특한 촉지적 느낌을 가지고 존재합니다. 떠나는 노마드, 즉 이행하고 횡단하는 노마드와 머무르는 노마드, 즉 둘레환경의 깊이와 잠재성을 발견하고 시추하는 노마드로서의 면모를 둘 다 갖고 있는 셈이지요. '머무르는 노마드'라는 개념에 대해 역설적이라고 느낄 수도 있겠습니다만 자신의 가까이에 있는 공간, 인물, 대상으로부터 새로움을 발견할 줄 안다면 그것은 전 세계를 떠돌아다닌 것에 필적하는 노마드인 셈입니다.

국지적 절대성과 관련된 여러 가지 오해들이 있습니다. '국지적으로 머무는 행위로 어떻게 노마드가 될 수 있는가?'라는 질문이 그중 하나입니다. 이에 대한 해답 역시 고양이들을 관찰하다 보면 얻을 수 있습니다. 고양이들은 한곳에만 머무르지 않으면서도 장소 귀속성이 굉장히 강합니다. 동네 길냥이들은 멀리 나가지 않고 늘 반경 2~3킬로미터 내에서 생활합니다. 만약 필요하다면 아주 조금씩만 영역을 넓혀갑니다. 길냥이는 자신의 영토에 대한 촉지적인 감각은 발전되어 있으면서도 동시에 어디론가 언제라도 떠날 준비가 되어 있는 것이지요.

우리 가까이에 있는 둘레환경의 국지성, 유한성을 잘 들여다보면 인생의 진실이 느껴집니다. 가까이에 있는 사람을 빤하게 보는 것만큼 자신의 세상을 닫히게 만드는 일도 없습니다. 가까이에 있는 사람, 생명, 대상에 우주와 자연, 생명, 양자(陽子), 미생물의 잠재성이 숨어 있기 때문입니다. 중국 송대(宋代)의 유학자 소강절(邵康節)은 '이물관물(以物觀物)'이라는 개념을 얘기합니다. '길가의 돌멩이에서 우주의 신비를 본다'라는 의미입니다. 동학의 경물사상(敬物思想) 역시 유사한 깨달음을 주지요. 세상에 빤하게 볼 것은 아무것도 없으며 세상 만물이 공경해야 할 대상이라는 점을 알려줍니다.

가까이에 있는 사람, 사물, 생명, 자연을 빤하게 바라보지 않고, 그것들의 잠재성과 깊이를 본다는 것은 무엇을 의미할까요? 이것은 어떤 대상을 대답으로서의 표상, 대상, 형상이 아니라, 문제 제기로 바라보는 것을 의미합니다. 내 앞의 대상은 수많은 모습으로 변신할 수 있고, 변용될 수 있으며, 수많은 대답을 품고 있습니다.

우주만물의 질서가 돌멩이 하나에 깃들어 있다는 소강절의 사상처럼 대상의 잠재성과 깊이를 시추하다 보면 가까이에 있는 존재들의 위대함과 광활한 삶의 지평을 만나게 됩니다.

이 글의 앞에서도 언급했지만 달공이는 손님들이 찾아오면 깊고 깊은 곳에 숨어버리는 수줍음이 많은 고양이의 모습을 보였습니다. 그래서 저는 내심 달공이가 원래부터 사람을 꺼려하는 고양이라고 단정하고 있었습니다. 그런데 어느 봄날 저녁, 언제 그랬냐는 듯 달공이가 수많은 사람들이 모여 있는 탁자 한가운데에서 워킹을 하는 일이 벌어졌습니다. 그러더니 탁자 가운데에 떡 앉아 그루밍을 하면서 사람들의 이목을 끌더군요. 그뿐인가요. 앞에서 강의를 하던 제 무릎에 앉더니 제 목소리에 맞추어 야옹야옹 소리를 내기까지 했습니다. 그 모습을 본 사람들은 모두 와하하 웃어버리고 말았지요. 달공이가 멋진 발표자가 된 시간이었습니다. 그 후로도 몇 번 달공이는 이와 유사한 행동을 보였습니다. '달공이는 원래부터 수줍음이 많은 고양이야'라고 단정했던 제 생각은 그렇게 순식간에 무너졌습니다.

이런 일도 있었습니다. 달공이는 그동안 모모를 볼 때마다 하악질을 하며 싫어하는 감정을 감추지 않았습니다. 그런데 어느 날 모모가 놀다가 다쳐서 신음 소리를 내자, 갑자기 달공이가 걱정스러운 눈길을 모모에게 보내더니 등을 핥아주고 사료를 먼저 먹으라고 기다려 준 적이 있습니다. 그 순간만은 우애 깊은 고양이의 모습을 보여주었지요. '원래부터 모모랑 달공이는 친하지 않아!'라고 생각했던 저의 고정관념이 유감없이 빗나가버린 순간이었습니다. 사실 모모와 달공이는 형제애가 깊습니다. 엄마의 사랑을 놓고 경쟁해야 하는 배치가 아니면, 서로를 배려하고 사랑하고 지긋이 바라보면서 서로의 존재를 존중합니다. 함께 살고 있는 고양이에 대해서 쉽게 단정 내릴 수 없듯이 우리 곁의 사람도, 사물도, 자연도 쉽게 단정내릴 수 없습니다. 그 내면에 아직 발견되지 않은 깊고 깊은 잠재성의 세계를 갖고 있기 때문입니다.

들뢰즈와 가타리는 노마드 고양이를 발견했을 것이고

저희 부부는 출퇴근길에 길냥이를 보면 한 주먹씩 사료를 나눠주곤 하는데, 요전 날 집 근처에서 굉장히 애교 넘치고 익살맞은 녀석을 보았습니다. 저희가 준 사료를 남김없이 먹고 재롱을 떨다가 언제 그랬냐는 듯 휙 가버리는 녀석의 신통방통한 능력에 저희는 순식간에 홀리고 말았습니다. 저희 부부는 그 고양이에게 '누룽지'라는 이름을 지어주었습니다. 노란 털 색깔을 보고 아내가 떠올린 이름입니다. 저희 부부는 이후로도 몇 번인가 집 근처 골목에서 누룽지를 만났습니다. 그런데 누룽지는 자신의 영토에 침범해 오는 고양이가 있으면 가차 없이 하악질을 했습니다. 침해와 간섭에 대해 전쟁을 선포할 준비가 되어 있는, 야생성이 발달한 길냥이였습니다.

들뢰즈와 가타리는 노마드 개념을 내부 환경을 부드럽고 달콤하게 만드는 범위 한정 기술에 한정하지 않았습니다. 전쟁 기계라는 다소 공격적인 개념으로도 얘기했지요. 전쟁 기계는 자유로운 유목민이 자신을 가로막는 장벽과도 같은 국가 장치에 대해서 전쟁을 선포하고, 그것을 넘나들고 횡단하면서 자유를 되찾는 것을 의미합니다. 즉, 자유인으로서의 행동은 자유 자체를 지키고자 하는 다소 공세적인 행동양식으로도 나타날 수 있다는 것입니다. 전쟁 기계 개념은 잔혹한 전쟁을 일으키는 전사 집단만이 아니라, 자유로운 예술가처럼 세상을 재창조하는 능력을 갖고 있는 사람들에게도 적용할 수 있습니다. 이들은 평화를 위한 전쟁 기계인 셈입니다.

그런데 이 두 철학자는 왜 하필 전쟁이라는 개념을 써서 오해를 불러일으켰을까요? 그것은 아마도 전쟁에 필적할 정도의 단절, 분리, 비약, 도약의 획기적인 전환의 방법론을 구상하기 위한 것으로 보입니다. 이러한 유목민의 국가 장치를 초월한 행동은 세계화와 글로벌화로 나타난 새로운 행동양식과도 관련됩니다. 즉, 위로부터의 세계화인 자본의 세계화뿐만 아니라, 아래로부터의 세계화인 노동의 세계화에서 비롯되는 이주민, 이방인, 난민 등의 문제와 관련해서도 생각해볼 수 있는 것이지요. 국경을 넘나들며 서로 다른 존재들이 뒤섞여 살을 부비며 살아가는 일도 전쟁이 불러오는 결과에 필적하는 효과를 가져온다고 할 수 있겠습니다.

지금 노마드 고양이 달공이는 오랜만에 지정석에서 일어나서 잠시 식사에 전념하고 있습니다. 신성한 식사 시간 동안 저는 조용히 달공이에게 여유를 줍니다. 식사 시간이 끝나면 여느 때처럼 달공이는 털 고르기, 장난 치기를 본격적으로 시작합니다. 제자리에서 여행하는 것은 달공이가 갖고 있는 삶의 지혜라는 생각도 듭니다. 달공이의 잠재성과 깊이를 응시하다 보면 그 초롱초롱한 눈망울 뒤에 우주의 진실이 숨어 있는 듯합니다.

Lesson 6

내 옆에 네가 놓여 우리가 된다는 것

•

배치

사회적 관계망은 불변항의 구조에 따라 만들어지는 것이 아니라, 찢어지거나 망가질 수 있는 유한한 관계망인 배치(agencement)에 따라 조직됩니다. 여기에서 배치는 인간/비인간이 어우러진 관계망을 비롯해 자리, 위상, 위치, 배열, 동적 편성 등을 통칭합니다. 마치 별 무리가 성운을 이루듯 배치에 따라 생각하고, 말하고, 행동하게 된다는 것이 들뢰즈와 가타리 철학의 구도입니다. 이번 수업에서는 동물과 인간 사이의 배치에 대해 주로 다루면서 그 깊이와 잠재성을 말하고자 합니다.

어느 날 저녁, 기후 정의 프로젝트 보고서를 열심히 쓰고 있었습니다. 기후 위기와 불평등에 대한 해법을 고민하는 무거운 주제의 보고서였기 때문일까요? 제 무릎 위에서 세상 모르게 자고 있던 달공이의 무게가 더욱 묵직하게 느껴졌습니다.

'달공이가 앞으로 적어도 8~9년은 더 살 텐데, 그때 세상은 어떻게 되어 있을까?'

저는 달공이와 제가 만든 인간과 비인간이 어우러진 관계망, 즉 배치를 더 생각하면서 글을 쓸 수밖에 없었습니다. 저는 집필을 할 때 대부분 달공이와 함께 글을 쓴다고 해도 과언이 아닙니다. 늘 제 무릎 위에 올라와 곤히 잠드는 달공이를 이따금 쓰다듬어주면서 열심히 자판을 두드리지요. 달공이는 제가 글의 갈피를 못 잡고 이리저리 방황할 때, 글의 흐름이 엇나가버리려고 할 때, 저를 얼른 붙잡아주는 실존적 준거좌표이자 배치입니다.

여기에서 배치는 자리, 위상, 위치, 배열, 행렬, 동적 편성 등의 유사어입니다. 배치가 주는 안정감과 강렬도 등은 우리를 열정과 환희에 휩싸이게 합니다. 배치는 생각이나 언어 자체를 결정짓는 가장 중요한 요소입니다. 저는 고양이의 집사로서 발언하는 저의 배치에 상당히 만족스럽습니다. 그 밖에도 저에게는 누구의 아버지, 누구의 친구, 누구의 남편이라는 배치들이 있습니다.

수많은 배치들 중 저는 들뢰즈와 가타리의 구상처럼 자유로운 사람들이 만든 집합적 배치, 즉 열린 공동체가 중요하다고 생각합니다. 열린 공동체에서는 구성원들이 자유롭기 때문에 권위에 짓눌리지 않으며, 죽음의 공포로 인해 예속되지도 않고, 이해관계나 이익에 사로잡히지 않은 채 발언하고 행동할 수 있기 때문입니다.

배치는 펠릭스 가타리가 청년 시기에 경험한 바를 바탕으로 창안한 개념입니다. 당시 가타리는 악몽을 꾸고 장 우리(Jean Oury) 박사를 찾아가게 되었는데, 그로부터 꿈의 내용이 중요한 것이 아니라, 잠자리가 중요하다는 설명을 듣고 난 뒤 이를 배치 개념으로 급진적으로 발전시킵니다.

> 제가 무엇을 어떻게 할지 몰랐던 스물다섯 살 때, 우리는 저를 뒤흔들었던 유형의 사람이었습니다. 저는 저의 괴로운 위기들을 그에게 여러 번에 걸쳐 상세하게 설명했습니다. 어느 날 그가 저에게 다음과 같은 선문답을 했을 때까지 말입니다. "네가 잠자리에 들기 전, 어느 쪽으로 눕지? 오른쪽? 좋아, 그렇다면 다른 쪽으로 돌아누워!" 분석은 때때로 단지 그와 같은 것입니다. 돌아누우면 충분합니다.*

선문답과도 같은 장 우리 박사의 생각은 사실상 배치가 무의식, 언어, 행동을 좌우한다는 심원한 통찰을 담고 있습니다. 고양이 역시 어떤 배치에서는 활발하다가도 어떤 배치에서는 금방 잠에 들기도

* 펠릭스 가타리, 『가타리의 대담』, 「미셸 부텔과의 대담」, 1985, 134쪽(국내 미출간).

하고, 또 어떤 배치에서는 수줍기만 합니다. 사람도 마찬가지로 어떤 배치에 있느냐에 따라 생각과 행동의 형태가 완벽하게 달라지기 마련입니다. 특히 말하는 것은 배치와 관련되어 있는 경우가 많습니다. 제가 어떤 토론회에 연사로 초빙되어 연단 위에 섰을 때를 예로 들어 보겠습니다. 사람들이 또랑또랑한 눈빛과 적절한 추임새, 강렬한 피드백을 보일 때, 저는 자신감 있게 얘기합니다. 하지만 청중들 모두가 눈빛에 초점을 잃은 자리에 섰을 때, 저는 더 위축되고 제 내면 깊은 곳에 있는 부끄러움이 더 커지는 경향이 있습니다.

즉 어떤 배치인가가 그 자리에서 나올 이야기들의 처음과 끝을 결정한다고 해도 과언이 아닙니다. 같은 맥락에서 공동체에서 회의를 할 때면, 공동체가 주는 연결되어 있다는 느낌, 함께 공감한다는 느낌, 누군가가 자기 안에 깊게 들어왔다는 느낌이 자아, 이익, 이해 등으로 딱딱하게 무장된 마음을 허물어뜨리고 사랑과 변용의 언어로 발언하게 만드는 것입니다. 그 순간에 이르러서야 비로소 감동의 언어, 공감의 언어, 희망과 열망의 언어가 싹트게 됩니다.

동무, 고양이와 어우러진 강렬도의 성좌

중요한 발표를 하는 날이었습니다. 환경 문제, 생태 문제, 생명 문제 등에 대한 제 발표에 참석자들은 모두 열정적으로 반응했습니다. 그 자리는 하나의 거대한 배치가 형성되고 있는 과정이었지요. 사람들 사이에서는 여러 질문들이 쏟아져 나왔고, 저는 맨 앞 좌석에 앉아 좌중에 열정적으로 반응하면서 대답하고 있었습니다. 그런데 그 결정적인 순간, 수줍은 고양이 달공이가 다가오더니 갑자기 제 무릎 위로 올라와 언제나 그랬듯이 조용히 잠에 든 것입니다. 저의 이론 작업 과정이 어떤 배치에서 이루어졌는지 사실상 십여 명의 사람들에게 공개된 것입니다. 이 모습을 본 사람들이 웃음을 터뜨리는데도 달공이는 저의 작업들이 이루어졌던 배치에 익숙했던 터라, 평소의 자세 그대로 잠에 빠져들었습니다.

그것은 별들이 어우러져 성좌를 이루듯, 지구상에 존재하는 두 개의 별, 저와 달공이가 어우러져 만든 강렬도의 성좌였습니다. 고양이와 하나의 성좌를 이루어 발언하고 글을 쓴다는 것은 지구별에서 특별한 자리를 갖는 것을 의미한다는 생각도 듭니다. 고양이의 유연한 움직임은 작은 존재에 대한 섬세한 감각을 일깨웁니다. 고양이가 꼬리를 흔드는 박자는 제가 키보드를 치는 박자와 묘하게 어울려 생명의 화음을 이룹니다. 고양이가 이따금 잠에서 깨서 뒤척이는 것은 감정과 기분에 취해 과도하게 흥분하거나 오만해지지 말라는 생명으로부터의 무언의 경고와도 같습니다. 고양이가 제 무릎 위에 없을 때도 있지만, 마치 환상통처럼 그 빈자리는 언제나 고양이와 함께 합니다.

저는 달공이를 '동무(同舞)'라는 개념으로 생각할 때가 많습니다. 동무는 동지(同志)처럼 뜻을 같이하여 결사한 존재가 아닙니다. 친구처럼 가깝고 친밀한 존재라는 의미도 아닙니다. 동무는 함께 동(同), 춤출 무(舞)의 한자 뜻 그대로 함께 있어서 공동체의 강렬도가 높아지면 춤을 추게 되는 존재라고 생각해볼 수 있습니다. 동무는 인간과 비인간을 넘나드는 개념이라는 점에서 우리 가까이의 고양이들을 포함한 생명에 대한 이야기이자, 더불어 이들과의 배치에 대한 이야기입니다. 인간, 동물, 사물, 기계가 어우러진 배치에서 강렬도, 즉 밀도, 강도, 온도, 속도가 높아지면 홀연히 말이나 생각, 행동이 등장하고 그 일을 해낼 사람들이 생겨납니다. 그렇게 되면 갑자기 춤추는 존재들인 동물들이 강렬도에 감응되어 자리에서 분연히 일어서서 뜨거워지고 열정적으로 행동합니다. 그때 동물들이야말로 우리들의 동무라는 사실을 느끼고 깨닫게 됩니다.

제가 한 번은 기분 좋은 소식을 듣고 흥분해서 아내에게 소식을 전달하고 있을 때, 무릎 위에 있던 달공이가 갑자기 그 분위기를 느꼈는지 신이 나서 야옹거리며 어디론가 달려 나갔던 적도 있습니다. 달공이는 아내와 제가 얘기할 때의 기분이나 느낌, 정동을 아주 묘하게 포착하고 그에 따라 반응을 결정합니다. 이를테면 아내와 제가 싸우고 있을 때, 갑자기 그 사이에 끼어들어 싸우지 말라고 말리듯이 "냐오오옹" 하는 식입니다. 그러면 아내와 저는 웃으며 곧 제자리로 돌아가지요. 달공이가 아내와 저 사이를 오가며 갈등을 해결해보겠다고 나서서 행동하는 모습을 보면 이 녀석이 예민하게 느끼고 감응하는 것은 달공이와 제가 함께 만든 배치의 효과구나 하고 생각하게 됩니다.

제 친구 중에는 1인 가구로 살아가면서 고양이와 함께 관계를 맺고 배치를 이루며 살아가는 이가 있습니다. 이따금 그 모습이 SNS에 등장할 때면 그 아기자기한 배치가 만들 마음과 말, 행동이 기대가 되기도 합니다. 고양이와 함께 배치를 이루는 것은 어쩌면 독신으로 살아가는 사람들이 심리적, 정서적, 영성적 지지대를 얻는 방법 중 하나라는 생각도 듭니다. 어떤 생명이 옆에서 숨을 쉬고, 잠을 자고, 밥을 먹고, 똥을 싼다는 것은 자신의 삶 속 깊은 곳에 어떤 생명과의 배치가 바로 자기 자신을 만들어내고 있다는 점을 의미합니다. 생명은 보이지 않게 우리에게 도움이 되고, 지지대가 되고, 힘이 됩니다. 생명은 우리 삶과 마음의 깊은 영역까지 들어와 우리의 지구가 자신과 함께 쓰는 곳이라는 점을 넌지시 말해줍니다. 독신자들에게 고양이가 가족이자 친구이자 동무인 까닭입니다. 그런 점에서 어쩌면 피터 싱어(Peter Singer)가 《동물 해방》에서 얘기한 동물의 대리인으로서의 인간을 넘어서, 동물과 배치를 이루어 동무가 된 인간이 필요하다는 점이 부각될 필요가 있다고도 여겨집니다.

기계적 배치 VS. 집단적 배치

철학하는 고양이와의 배치는 저 자신을 철학하게끔 만드는 원동력이기도 합니다. 멀리 창문 밖을 지긋이 바라보면서 생각에 빠져 있는 달공이를 관찰하다 보면 우주, 생명, 자연의 비밀을 들여다보고 싶은 욕망이 듭니다. 달공이와의 배치 자체만 놓고 보자면 인간과 인간의 관계뿐만 아니라, 인간과 생명의 관계, 인간과 사물의 관계 역시도 중요하게 느껴집니다. 달공이는 저의 명령에 따라 움직이는 존재도 아니고, 그렇다고 저를 의식하지 않은 채 제멋대로 행동하는 존재도 아닙니다. 서로가 서로에게 영향을 주면서 끊임없이 자기 위치를 조정할 수밖에 없는 관계입니다. 그렇기 때문에 배치는 결코 일방적이거나 자동적이지 않고, 서로를 존중하면서도 서로의 상황에 따라 생각과 말과 행동의 조각을 끊임없이 이리 맞추고 저리 맞추는 예술적이고 미학적인 과정을 동반할 수밖에 없습니다.

들뢰즈와 가타리는 배치를 반복으로서의 배치인 '기계적 배치'와 집합적 편성으로서의 배치인 '집단적 배치'로 나누어 말하기도 합니다. 기계적 배치는 '차이 나는 반복'과 '동일성의 반복'이라는 두 가지 반복의 영역으로 구성되어 있습니다. 사계절, 생애 주기, 낮과 밤, 밀물과 썰물 등은 차이 나는 반복의 배치입니다. 생명과 생태, 생활은 계속 반복되지만 그 생명력으로 차이를 만들어내는 차이 나는 반복의 형태를 띱니다. 차이 나는 반복은 생명과 삶을 만드는 우리 살림의 배치인 셈입니다. 반면에 그야말로 단순하고 기계적인 동일성의 반복도 있습니다. 예를 들어 군대, 감옥, 병원 등은 동일성의 반복으로서의 문명을 주조합니다.

배치에서 중요하게 논의되어야 할 부분은 집단적 배치입니다. 치유집단에 대한 가타리의《정신분석과 횡단성》에서의 논의는 심리적, 정서적, 영성적 지지대로서의 집단적 배치의 역할에 대해서 얘기합니다. 이를테면 정신적으로 힘든 사람이 있다고 가정해볼까요? 그가 혼자서 외출을 하는 것은 어려울 수 있습니다. 그러나 그를 옆에서 도와주는, 팀워크가 잘 이루어진 치유집단의 집단적 배치가 있다면 이러한 배치가 그를 강건하게 만든다는 것입니다. 집단적 배치에 대

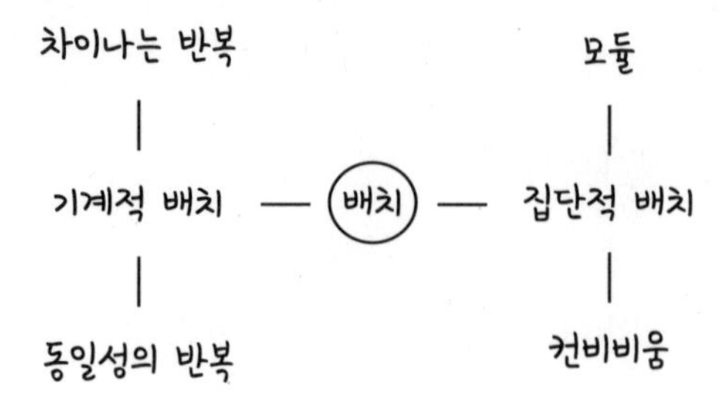

한 연구는 지금도 한창 이루어지는 중입니다.

1990년대 미국이 동맹국을 대상으로 쿠바에 대한 석유금수조치를 취했을 때를 예로 들어보겠습니다. 당시 쿠바는 거대한 국가적 위기에 봉착합니다. 먹을 것이 없어서 전 국민의 평균 체중이 14킬로그램이나 줄어드는 초유의 사태가 발생한 것이지요. 이렇게 전 국민이 굶주리고 있을 때 가장 밑바닥의 힘을 짜내서 유기농 혁명을 일구어냅니다. 당시 쿠바 사람들은 2~3인씩 팀을 짜서 서로 쓰러지지 않도록 독려하기 위해 끊임없이 이야기를 나누면서 유기농업 현장으로 나섰습니다. 이처럼 5인 미만의 소수 단위로 결사하여 의기투합한 집단적 배치를 모듈(module)이라고 부릅니다.

그런가 하면 순전히 재미를 위한 배치도 있습니다. 예를 들어 세계 슬로푸드 협회는 먹거리를 앞에 두고 3~4인별로 흥과 재미를 추구하는 자리를 만드는데, 이를 컨비비움(convivium), 즉 공생공락(共生共樂)하는 집단적 배치라고 일컫습니다. 이는 술자리처럼 느슨하지만 증식을 추구하고 재미있기 때문에 그 일을 해낼 사람을 만드는 집단적 배치입니다. 협동조합에도 사업체 이외에 결사체라는 집단적 배치가 내부에 있습니다. 이러한 협동조합 내 결사체에 어소시에이션(association)이라는 이름을 붙이고 그 의미를 강조하는 가라타니 고진(柄谷行人)과 같은 철학자도 있습니다.

최근 들어 모듈이나 컨비비움 등 초극미세전략을 따르는 집단적 배치가 부각되고 있습니다. 그동안 대안적인 집단적 배치로 알려져 있던 공동체조차도 그 안에 관객과 무대가 만들어져 누구는 주인공이 되고 누구는 구경꾼이 되어버리는 바람에 관계를 실질화 할 수 없다는 점이 드러났기 때문입니다. 자신과 관계없는 사람의 소식을 듣고, 자신과 관계없는 사람과 거래를 하고, 자신과 관계없는 사람과 벽을 맞대고 살아가는 도시민들에게 무대와 관객, 주인공과 구경꾼의 설정은 너무도 익숙하여 집단적 배치를 형성하는 것이 낯설기 때문입니다.

이 문제의 해결책은 주체와 대상, 주인공과 관객, 전문가와 대중이라는 일대일 대응 관계로부터 벗어나 집단적 배치를 형성하는 것에 있습니다. 그 집단적 배치는 실존의 준거좌표로 삼을 수 있고, 끊임없이 자기와 자신과의 관계 맺기가 이루어지고, 자기 위치 설정하기가 이루어지고, 초점 조절로서의 관계의 밀고 당기는 과정이 이루어지는 관계망입니다. 이와 같은 관계망에서는 누가 주인공이냐, 누가 관객이냐 하는 설정이 무용해집니다.

펠릭스 가타리는 《기계적 무의식》에서 마르셀 프루스트(Marcel Proust)의 《잃어버린 시간을 찾아서》(김희영 옮김, 민음사, 2012)에 등장하는 '꽃피는 성운'의 사례를 들어 배치에 대한 이야기를 합니다. 한 남자가 새들처럼 지저귀는 한 무리의 아가씨들을 만나 그중 한 여성과 사랑에 빠집니다. 이후 그는 결혼생활의 일상을 경험해본 다음, 자신이 사랑한 것이 한 여성이 아니라 그 여성이 자리 잡고 있던, 새처럼 지저귀는 아가씨들이 만든 꽃피는 성운이었음을 깨닫는다는 내용입니다. 집단적 배치 그 자체를 사랑하는 미친 사랑도 가능합니다. 우리가 공동체 안에서 함께 춤추고, 술에 취하고, 놀고, 즐거워하고, 울고, 웃고 하는 것도 집단적 배치에 대한 사랑 때문이라고 여겨집니다.

생명 평화의 고원에 올라

들뢰즈와 가타리는 배치를 사랑했던 철학자들이라는 생각도 듭니다. 이 두 사람은 한 사람이 다른 사람을 가르치고 계몽하는 관계가 아닌, 두 사람 사이에서 이루어지는 색다른 주체성 생산의 가능성에 주목했습니다. 주체라는 직분, 역할, 기능, 책임, 믿음 등이 만들어낸 딱딱한 자아가 아니라, 두 사람 사이에 너도 아니고 나도 아닌 그러나 둘일 수도 있고 둘 중 하나일 수도 있는 사이주체성이 발아하고 생성하는 것에 주목한 것이지요. 물론 둘 이상의 관계 속에서도 뭔가 깜짝 놀랄 만한 것이 만들어질 가능성이 있는 셈이지요. 두 사람은 배치라는 개념을 말하면서 자신들이 만든 관계망의 성격을 스스로 규명합니다. 그것은 저와 고양이 달공이와의 성좌처럼 서로의 존재에 대해 주의를 기울이고, 끊임없이 위치를 조정하며, 상대를 실존적 준거좌표로 삼는 관계라는 생각도 듭니다. 배치는 말을 만들고 생각을 만들고 그 일을 해낼 사람을 만들지만 명령하지도 가르치지도 훈계하지도 않습니다. 조용히 기다리고 서로를 상승시키고 강도를 전달하면서 함께 성숙합니다.

들뢰즈와 가타리, 두 사람은《천 개의 고원》에서 '고원(plateau)'이라는 개념을 등장시킵니다. 고원은 클라이맥스를 추구하는 기존의 성적인 방법론이 아닌, 강렬도가 높아져서 고원을 이루고 그 속에서 운우의 정을 나누는 이아트멀족의 성적인 방법론이라고 소개되고 있지요. 배치는 바로 고원처럼 강렬도가 지속되는 미학적이고 윤리적인 공동체적 관계망이 갖고 있는 내재적 힘이라는 생각이 듭니다. 우리는 최고조의 쾌락과 희열을 목표로 하는 것이 아니라, 배치가 주는 강렬한 흐름의 힘이 지속되도록 만들면서 이에 감응해야 합니다. 고원을 올라가면 산이며 들이며 구름이며 앙떼며 세상 만물이 그 아래로 지나가고 강렬도가 지속되는 광경이 펼쳐집니다. 그러한 고원은 하나의 중심을 추구하는 것이 아니라 천 개, 만 개가 되도록 확산되고 증식하고 퍼져나가야 한다는 과제를 갖고 있습니다.

달공이와 저의 배치는 수많은 고원 중 하나입니다. 우리 사이를 지나치는 강도, 밀도, 속도, 온도에 의해 저희들은 수많은 생각과 말과 행동을 만들어냈습니다. 달공이가 무릎 위에서 곤히 잠에 빠져 있을 때 저는 마음대로 움직일 수 없는 상태가 되지만 그것이 그리 싫지만은 않았습니다. 제 신체의 한 부분에 한 생명이 기대어 잠에 빠져서 꿈을 꾸고 있다는 것이 저를 또 다른 방식으로 꿈꾸게 했지요. 어쩌면 달공이와 저의 배치는 앞으로 더 많은 말과 생각과 행동을 만들어내야 할 수도 있습니다. 그것은 우리의 배치를 더 풍부하고 다양하게 만들기 위한 방법론 중 하나입니다. 지금도 자판을 치는 소리를 자장가 삼아 달공이가 잠들어 있습니다. 생명 평화의 고원, 우리가 올라가야 할 고원은 숨이 턱턱 막히는 곳이 아니라, 바람이 시원하고 강렬하게 부는 고원입니다. 달공이와 제가 올라선 곳은 그 고원들 중 하나입니다.

2부

생명 LIFE

고양이에게 배운 삶의 소중함

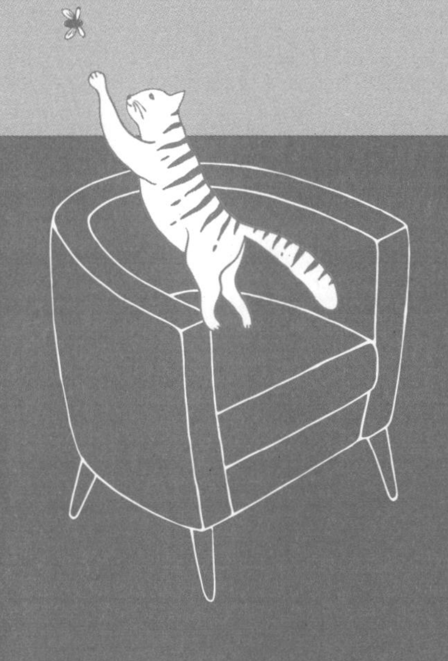

Lesson 7

생명은 더불어 함께 살아간다

•

공생진화

공생진화는 미국의 생물학자 린 마굴리스(Lynn Margulis)가 주장한, 외부에 있던 바이러스나 박테리아가 우리의 필수 세포를 이룬다는 내용의 이론입니다. 이는 미생물과의 공생을 의미한다는 점에서 경쟁과 비용편익을 주장하는 사회진화론과 대적하는 개념입니다. 이번 수업에서는 생명과의 공생이 더불어 함께 살아가는 기본 태도임을 말하고자 했습니다. 경쟁 우위에 있는 최적 적응 개체로서의 인간이 아니라, 자연과 더불어 함께 살아가는 인간으로서의 태도가 필요하다는 메시지입니다.

저희 연구실의 셋째 모모와의 만남은 다시 떠올려도 가슴이 아픕니다. 놀라울 만큼 비쩍 마르고 눈에 눈곱이 덕지덕지 붙어 있고, 항문에 손톱만 한 똥이 딱딱하게 끼어 있는 상태의 앞 못 보는 아깽이가 연구실 건물 현관 앞에서 울고 있었습니다. 저희 부부는 연구실 아래층의 카페와 공방인 모아다방과 모람을 통해 이 소식을 접하고 이내 달려갔습니다.

"어떻게 해?"

아내는 발을 동동 굴렀습니다. 고양이의 상태가 꽤 심각해 보여 저희는 곧장 동물병원으로 데려갔습니다. 진료 결과, 허피스 바이러스에 감염된 눈은 어떻게든 치료될 수 있었지만, 배변 문제가 심각했습니다. 저희 부부는 그 아깽이를 모아다방과 모람의 앞 글자를 따서 '모모'라고 이름 붙이고 연구실에서 보호하기로 결정했습니다. 그때부터 아내의 간호는 시작되었습니다. 저희 부부는 누군가를 간호해 본 경험도, 아이를 키워본 경험도 없었기에 우왕좌왕하며 시행착오를 겪었지요.

얼마간의 시간이 흐르자 아내는 나름의 노하우를 터득해 가는 듯 보였습니다. 사료를 곱게 갈아서 물에 개어 먹이고, 배를 살살 문질러서 똥이 나오도록 하고, 약을 먹이는 등 지극정성으로 간호를 했지요. 그럼에도 불구하고 쉽게 배출되지 않은 변이 배변을 통제하는 척추를 눌러서 오줌을 흘리는 요실금 증상으로 확대되기에 이르렀습니다. 동물보호단체 관계자와 상담해보니 안락사까지도 언급될 정도로 심각한 상태였습니다. 하지만 아내는 끝까지 포기하지 않았습니다. 저 역시 곁에서 아내를 도우면서 아깽이 모모의 쾌유를 기도했습니다.

그러던 어느 날이었습니다. 아침 일찍 연구실 문을 열고 들어서니 모모가 똥을 푸지게 싸고 배시시 웃으면서 저희에게 아장아장 다가왔습니다. 며칠 전 동물병원의 젊은 수의사 선생님께서 혹시 효과가 있을지 모르겠지만 호박을 한 번 먹여보라고 했었는데, 지푸라기라도 잡는 심정으로 단호박을 삶아 습식 사료와 섞어서 모모에게 먹였더니 며칠 후 완전히 쾌유된 것입니다. 아깽이 모모는 새 삶을 얻은 셈이었지요. 그날의 기쁨, 감격, 환희는 아직도 제 인생에서 손꼽을 만한 큰 기억으로 남아 있습니다.

그 후로 아내는 모모를 항상 곁에 두고 있습니다. 일과 중에 모모는 아내의 무릎 위에 앉아 있습니다. 아내가 화장실에 가면 아내의 실내화 위에 앉아 따뜻하게 덮혀두곤 합니다. 아내와 저는 아픈 아깽이 모모를 만나면서 훨씬 더 성숙할 수 있었습니다. 작은 생명을 살려냈다는 경험이 인생의 의미를 뒤바꿔놓은 것이지요. 한 생명과 함께 있다는 것이 얼마나 기쁜 일인지, 생명이 얼마나 위대한지에 대해 저희들은 새삼 깨달을 수 있었습니다.

그다음 해 새로운 아깽이가 연구실에 들어왔습니다. 이름은 또봄이라고 지었습니다. 또봄이는 바이러스 감염으로 안구가 부풀어 올라서 적출수술을 해줘야 했던 아픈 고양이였습니다. 만약 1년 전이었다면, 아마 저희 부부는 또봄이를 집 안에 들이는 모험을 쉽게 하지 못했을 것입니다. 그러나 모모를 돌보면서 어느새 용기와 자신감을 갖게 된 덕분일까요? 아픈 또봄이를 돌보기로 결정하는 데에는 오랜 고민이 필요하지 않았습니다. 그런데 의외의 일이 생겼습니다. 아픈 또봄이가 연구실에 들어왔을 때, 모모가 마치 자신의 아이인 양 또봄이를 계속 핥아주고 품에 안아주며 돌보았습니다. 마치 아내가 자신에게 해주던 간호를 이번에는 자신이 하겠다는 듯, 또봄이를 돌보는 일에 전념했습니다. 저희는 또봄이 돌봄을 사실상 모모에게 일임했습니다. 또봄이의 체온을 따뜻하게 유지시켜주고, 똥을 누고 나면 핥아주고, 보듬고 재우는 일 대부분을 모모가 했지요. 또봄이가 수술을 하는 등 어려운 과정을 겪던 중에 모모가 보모 역할을 톡톡히 하면서, 저희 부부가 할 일이 많이 덜어졌습니다.

지금 아내는 모모를 옆에, 또봄이를 가랑이 사이에 두고 낮잠에 빠져 있습니다. 두 고양이를 만나기 전의 아내와 만난 후의 아내를 비교하면 참 많이 변했습니다. 두 마리의 고양이와 아내는 함께 어려운 시기를 건너면서 성장할 수 있었습니다. 이를 공생진화라는 멋진 개념으로 설명할 기회가 생겨서 참 좋습니다.

린 마굴리스의 공생진화론

린 마굴리스는 도리언 세이건(Dorion Sagan)과 함께 쓴 《생명이란 무엇인가?》라는 책을 통해서 공생진화론을 체계적으로 선보였습니다. 공생진화론은 진핵세포나 미토콘드리아 등 세포에 필수적인 구성 요소가 외부의 미생물인 박테리아나 바이러스로부터 유래된다는 점을 밝히는 것을 골자로 합니다. 당시 주류학계는 사회진화론이 차지하고 있었고, 공생진화론을 주장하는 여성 생물학자 린 마굴리스에게 곱지 않는 시선을 보냈습니다. 병을 일으키는 바이러스나 박테리아와의 공생을 주장하는 황당한 가설을 받아들일 수 없다며 여러 학회에서는 마굴리스의 논문 게재를 허락하지 않았지요. 그러나 상황은 이내 역전됩니다. 게놈 프로젝트의 결과로 체세포와 세포 내 진핵세포, 미토콘드리아 등의 DNA 염기서열에서 외부로부터 유래된 것이 보인다는 과학적 증거가 나타났기 때문입니다. 공생진화론은 이제 정설로 인정받고 있습니다.

린 마굴리스의 공생진화론은 하나의 중대한 사실을 밝힙니다. 생명은 경쟁을 위해서 태어난 것이 아니라, 공생과 협력을 위해서 태어났다는 사실이지요. 질병을 일으키는 박테리아나 바이러스도 생명의 필수적인 구성 요소가 됨으로써, 생명에게 협력하고 공존하는 것입니다. 이를테면 우리가 감기가 다 나았다고 말할 수 있는 상태는 감기 바이러스를 죽이거나 몸 바깥으로 끄집어냈을 때 가능한 것이 아니라, 감기 바이러스의 침입에 적응하기 위한 고통을 겪고 난 뒤, 감기 바이러스와 평화로운 공생 상태가 되는 것을 의미합니다. 마찬가지로 우리가 음식을 먹고 소화를 하고 배변을 하는 과정은 신체 내부에서 수만 종의 박테리아가 활동하기에 가능한 일입니다. 그런 점에

공생진화론
우리는 협력하는 존재

서 우리의 몸은 공생명체라고 할 수 있겠지요. 물론 바이러스와 박테리아가 착한 생명이라는 가치판단이 들어간 것은 아닙니다. 위생과자가 면역력을 높이는 섭생 등의 중요성을 간과해서는 안 되겠지요.
사실 우리가 음식을 먹는 것은 영양분 섭취만을 위한 것이 아닙니다. 태곳적 원시세균 등은 서로를 잡아먹으면서 환경에 대한 유전 정보를 교환했다고 하지요. 음식을 먹는다는 것은 유전 정보, 환경 정보, 미생물 등을 교환하는 과정일 수 있습니다.

개와 고양이를 키워본 사람은 잘 압니다. 반려동물에게 있는 박테리아나 바이러스가 면역력 강화에 얼마나 도움이 되는지 말입니다. 고양이는 더럽거나 지저분한 세균 덩어리가 아닙니다. 우리의 몸에 유익한 박테리아와 바이러스를 교환함으로써 장기적으로 아이들이나 노약자 등의 건강에 큰 도움을 줍니다. 더불어 고양이들의 귀여움을 보면서 정신건강까지도 챙길 수 있으니 얼마나 좋은지 모릅니다. 한때 반려동물을 실내에서 키우면 아이들에게 병이 생기지 않을까

하고 고민을 하는 부모들이 꽤 많았습니다. 그러나 린 마굴리스의 공생진화론은 분명히 말하고 있습니다. 더 많은 박테리아와 바이러스에 접촉했을 경우에 자가 면역력이 더 높아진다는 사실을 말이지요. 물론 에볼라, 사스, 신종플루, 코로나19 등 독성이 강하고 면역체계가 확립되지 않은 바이러스에 대해서는 더욱 주의를 해야 합니다. 그러나 인체의 면역체계에서 받아들일 수 있는 박테리아나 바이러스는 인간에게 긍정적인 영향을 줍니다. 그런 점에서 고양이와의 공생은 고양이가 갖고 있는 수많은 미생물과도 공생하는 것을 의미합니다. 어쩌면 우리는 수많은 미생물의 연합체 즉 메타세포체의 일종인지도 모릅니다. 우리가 죽게 되면 메타세포체가 와해되어 수억만 개의 미생물들이 흩어져서 자연으로 돌아갑니다. 그런 점에서 우리는 수많은 미생물의 공생명체이기도 합니다.

사회진화론과 공생의 생태계

이쯤에서 공생진화론 이전의 주류 학설로 군림하던 사회진화론의 한계를 살피지 않을 수 없겠네요. 찰스 다윈(Charles Darwin)이 창안한 진화론의 자연선택설을 이어받아 허버트 스펜서(Herbert Spencer)는 사회진화론을 주장합니다. 사회진화론은 당시의 성장주의 사회, 자본주의 사회에서의 효율성과 속도, 공리주의 등을 떠받치기 위해 생물학적 개념을 따다 붙인 이론으로 생명은 경쟁에서 살아남도록 설계되었다고 봅니다. 여기에서 경쟁, 비용 편익, 최적 적응 등의

사회진화론
우리는 경쟁하는 존재

원리가 제시됩니다. 그러나 그런 주장은 생명의 현실과는 상당히 맞지 않는다는 생각이 듭니다.

이를테면 저희 집 네 마리 고양이들 간의 경쟁은 살아남기 위한 경쟁이라기보다는 엄마의 사랑을 더 얻고자 하는 아이들의 모습에 가깝습니다. 최적 적응한 개체만이 살아남는 경쟁의 아수라장이 벌어지는 것이 아닙니다. 모든 생명은 자신이 처한 환경에 대체로 적응하며 살아가지, 경쟁을 통해서 소수만이 최적 적응하는 것은 아니라는 말입니다. 그런 구도는 먹이피라미드와 같은 그림을 연상케 합니다. 피라미드 상단의 포식자 자리에는 인간이 위치하고 인간의 위대성을 설파하는 것으로 사회진화론은 결론내립니다.

최적 적응을 주장했던 사회진화론의 신화는 상호 의존하는 생태계의 구도를 무시합니다. 철저히 개체 중심주의적인 관점을 견지함으로써 생태계 내에서 대체로 적응하면서 살아가는 각 개체가 서로 의존하고 도움을 주고받으며 공생하는 과정을 부정합니다. 오로지

최후의 강자만이 살아남아 승자독식 하는 것을 찬양합니다. 그러나 풀, 꽃, 지렁이, 고양이 등 생명은 각자가 처한 환경에 최적화되어 살아갑니다. 어떤 개체가 다른 개체보다 더 우월하다고 할 수 없는 것이지요. 그런 맥락에서 생태계 내에 대체로 적응한 개체가 얼마나 다양한지 여부가 환경에 대한 회복탄력성의 원천이라고 봅니다. 생태계에서는 하나의 우월하고 최적 적응한 개체의 신화보다 대체로 적응한 개체가 얼마나 다양하게 많은지의 여부가 더 중요합니다.

물론 저희 집 고양이들 사이에서도 간혹 서열 다툼이 있기는 합니다. 그러나 모모가 되지도 않는 서열 다툼을 걸면 제일 나이 많은 대심이는 일부러 자리를 피해버리고 상대를 하지 않습니다. 그래서 모모는 자신의 서열이 가장 높다고 착각하는 듯한 모습을 보이기도 합니다. 또한 모모가 덩치가 가장 큰 달공이에게 자리를 뺏는 식으로 도발을 하면, 달공이는 양보를 하지 다툼이나 경쟁으로 향하지 않습니다. 가장 어린 또봄이는 누구에게나 배려의 대상이기에 서열 다툼에서 완전히 자유로운 존재입니다. 간혹 서로가 기분 좋을 때에는 핥아주고 부비면서 우애를 과시합니다.

따라서 우리 집 고양이들의 서열은 미스터리라고 할 수 있습니다. 아무도 1등이 아니지만, 모두가 1등인 상황이지요. 간혹 엄마의 사랑을 두고 경쟁하는 경우는 있지만, 이 역시 아내가 골고루 쓰다듬어주기 때문에 순서를 기다리면서 짜증을 내는 것이라고 할 수 있습니다. 때때로 모모에 대한 편애를 숨기지 않는 아내는 모든 다툼과 분쟁의 한가운데에 있습니다. 아내가 덕치(德治)나 탕평책(蕩平策)을 펼치지 않으면, 서로를 시기하고 싸우게 되는 상황이 연출됩니다. 그러나 이런 소동도 모두가 공생하고 상생하려는 과정에서 벌어지는 하나의 삽화 같은 순간일 뿐, 고양이들은 일관되게 서로를 돕고 아낍니다.

모모와의 공생진화를 꿈꾸며

아내는 모모의 엄마로서 사랑과 돌봄을 주고, 모모는 아내에게 보다 성숙할 수 있는 계기가 되면서 서로 공생해 나아갔습니다. 문제는 바로 접니다. 모모는 저를 불편한 동거인을 대하듯 합니다. 언젠가 아내와 제가 가볍게 뽀뽀하고 있는 것을 모모가 목격하고 말았는데 그다음부터 저를 무척 낯설고 다르게 대하기 시작하더군요. 마치 "우리 엄마를 돌려줘"라고 말하는 것만 같았습니다. 모모에게 최대한 몸을 낮춰 다가가서 살갑게 대하려고 노력도 했습니다만 모모는 늘 깜짝 놀란 듯 저를 피해 다니고 도망치곤 하지요. 야속한 마음에 저는 일부러 아내와 더 친한 듯한 모습을 보이면서 "아빠야"라고 말하기도 했습니다. 그러나 모모의 사전에는 아빠라는 단어가 없나 봅니다.

가장 최악의 상황은 제가 작업실에 혼자 있을 때, 모모가 서랍 뒤편으로 몸을 감추고 아내가 올 때까지 나오지 않는 겁니다. "너는 불편해! 불편하다고!"라고 말하지는 않지만 행동으로 표현하는 것만 같았습니다. 모모와의 불편한 동거 생활로부터 벗어나기 위한 저의 노력은 그때부터 시작되었습니다. 모모가 손에 닿을 때마다 쓰다듬어주고 "모모야, 사랑해"라고 말해주면서 저의 존재를 각인시키기 위해서 부단히 노력해왔던 것입니다. 그렇게 일 년 정도 지나니 이제는 전보다 모모가 마음을 여는 것 같기는 합니다. 그러나 여전히 제 앞에서는 불편한 동작, 어색한 자세, 께름칙한 모습이 기본입니다.

공생진화, 모모와 저 사이에는 바로 그게 필요합니다. 저는 아직 모모에게 불편한 동거인이자 반려인, 집사인 것이 현실입니다. 아내의 자리가 너무 커져버린 모모에게 저의 자리는 한없이 작습니다. 그렇다고 해서 저와 모모가 아내를 가운데에 둔 경쟁자 사이는 아닙니다. 뭔가 이질적이고 낯설다는 느낌, 존재 자체에 대해서 서로의 자리를 정하지 못했다는 느낌, 공생진화를 위해 서로의 존재를 더 이해하고 서로에게 의존하는 것이 더 많아져야 한다는 교훈을 느낄 뿐이지요.

오늘도 아내는 모모와 함께 옆방 라쿠라쿠 침대에 누워서 낮잠을 잤습니다. 더 정확히 말하자면 아내는 자고 있었고 모모는 꾹꾹이에 심각하게 집중하고 있었지요. 모모와 아내는 마치 한 세트 같습니다. 서로를 너무도 필요로 하는 사이입니다. 모모 사진을 볼 때면 아내의 입이 귀에 걸립니다. 모모는 아내가 가는 곳이면 어디든 따라갑니다. 아내가 양치하고 있을 때에도, 밥 먹을 때에도, 잘 때에도, 화장실을 갈 때에도 모모는 아내 주변에서 서성이며 기다리고 또 기다립니다. 아내는 요전에 이런 얘기도 했습니다.

"내가 해준 것도 별로 없는데, 모모가 너무 많은 선물을 해주고 있어."

아내뿐만이 아니라 모모는 우리에게 큰 선물입니다. 서로에게 의존하고 공생하고 상생함으로써 우리는 가족이자 공동체임을 확인합니다. 오늘 저녁에는 저와 모모가 불편한 동거를 극복하고 공생진화로 향할 수 있는 마스터 플랜을 아내에게 제시해볼까 합니다.

Lesson 8

'지금, 여기, 내 곁'에 존재하는 아름다움

•

실존

장 폴 사르트르(Jean Paul Sartre)는 실존이 무엇이냐는 질문에 "실존은 본질이 아니다"라고 간명하게 정의 내린 바 있습니다. 본질로서의 기능, 역할, 직분이 끝날 때, 그 군더더기이자 잉여 현실로서의 삶, 실존, 생명이 존재한다는 것입니다. 그런 점에서 실존은 생명의 유일무이성에 대한 개념이기도 합니다. 이번 수업에서는 실존의 특징인 전락성, 무상성, 유일무이성, 유한성 등에 대해서 다루겠습니다.

2017년 여름, '그 사건'은 저에게 전락의 순간이었습니다. 아침에 연구실 문을 열어보니, 대심이가 안 보였습니다. 당시 연구실에서 기거하던 학생이 밤늦게 배달된 물건을 받는 사이에 대심이가 열린 문틈으로 후다닥 뛰쳐나가버린 사실을 뒤늦게 알게 되었죠. 돌연 실존주의에서 말하는 밑바닥 감정이 올라왔습니다. 나이 많은 집고양이가 밖에 나가서 살아남을 가능성은 희박했기 때문입니다. 만약 우리가 대심이를 찾지 못한다면, 대심이에게는 앞으로 살아갈 전망이 없는 셈이었지요.

아내와 저는 연구실 주변 문래동 철공소 거리를 헤매고 돌아다녔습니다. 신속하게 대심이 사진이 담긴 전단을 만들어 전봇대에 붙이고, 이곳저곳에 수소문을 했습니다. 그렇게 한나절을 샅샅이 수색했지만 아무런 소득도 없었습니다. 그날 저희는 거리에서 미친 사람처럼 대심이 이름을 부르짖으면서 돌아다녔습니다. 한여름 땡볕에 얼굴도 마음도 바짝 타들어갔습니다. 전단에 찍힌 전화번호를 보고 대심이와 꼭 닮은 고양이를 지목하면서 연락을 준 사람도 두세 분 있었습니다. 찾아가 확인해보니 대심이는 아니었습니다만, 대심이를 정말 쏙 빼닮은 길냥이였습니다. 갑자기 이런 생각도 들었습니다.

'이 고양이를 대심이라고 생각하고 그냥 키울까? 애지중지 키운다면 대심이가 될 수도 있지 않을까?'

그러나 그것은 무망하고 덧없는 생각이었지요. 대심이는 세상에 단 하나밖에 없는 유일무이한 존재니까요.

이윽고 첩보전을 방불케 하는 작전이 이루어졌습니다. 평소 알고 지내던 동네 예술가들이 2~3명씩 한 조를 이루어 저인망식으로 거리를 훑으며 지나가는 동시에 연구실 사람들이 각자 흩어져서 거리를 샅샅이 뒤졌습니다. 정말 실오라기라도 잡고 싶은 생각이 간절했습니다. 그때 한 예술가 분께서 고양이탐정 연락처를 알려주셨습니다. 고양이탐정은 일단 해 질 녘이나 해 뜰 무렵, 집에서 가장 가까운 거리를 중심으로 찾아보라고 친절하게 방법을 알려주었지요. 조용히 이름을 부르며 천천히 걸어가라고도 했습니다. 영역동물인 고양이의 특성상 결코 멀리 가지는 않았을 거고 아주 가까이에 있을 확률이 높다고도 말씀해주셨습니다. 고양이탐정의 조언대로 해 질 무렵에 저희는 연구실 주변을 걸어다니면서 대심이 이름을 나지막이 불렀습니다. 긴장한 탓인지 숨소리마저 들리지 않는 듯했습니다.

"뭐 하는 거예요?"

이런 제 행동이 이상했는지 한 주민이 물었습니다.

"고양이를 잃어버려요."

그렇게 대답하고 나니 대심이의 이름을 부르는 목소리에 더 애절함이 실렸습니다. 그때였지요.

"이 옆에서도 고양이 울음소리가 들리는데요?"

그가 가리키는 곳은 연구실 바로 건너편 벽면에 기대어 세워놓은 리어카 아래쪽이었습니다. 그쪽으로 가서 가만히 귀를 대고 들어보니 정말 고양이 소리가 들렸습니다.

"대심아, 대심아!"

그러자 리어카 안쪽에서 더 다급한 "야옹야옹" 소리가 들렸습니다. 분명 대심이였습니다. 어느덧 동네 사람들이 우르르 몰려들어 리어카 근처의 쓰레기며 목재를 모두 치웠습니다. 일사불란하면서도, 저희 부부의 고통을 조금이나마 덜어주려는 마음이 느껴지는 행동들이었습니다. 그리고 그 안에서 그토록 찾아 헤맸던 대심이가 꾀죄죄한 모습으로 뛰쳐나왔습니다.

이 사건을 통해 저희는 대심이가 세상에 단 하나밖에 없는 유일무이한 존재임을 새삼 깨달았습니다. 특히 우리의 삶에서 대심이에 대한 애정과 관심이 얼마나 큰 부분을 차지하고 있었는지도 알게 되었습니다. 그 후로 저희는 연구실 문에 여닫이 안전문을 설치하여 고양이들이 밖으로 나가지 못하게 조치를 취했습니다. 대심이도 한 번 고생을 해본 탓인지, 더 이상 밖에 나가려는 시도를 하지 않았지요.

저는 아직도 그날의 기억이 선합니다. 세상에서 가장 고통스러운 순간이었으니까요. 작열하는 여름, 저와 아내는 아침부터 한 끼도 먹지 못하고 온몸을 땀으로 뒤집어쓴 채 파김치가 되었습니다. 가까스로 구출된 대심이도 리어카 안에서 18시간 동안 갇혀 있으면서 두려움이 엄청났는지, 한동안 구석에서 떨다가 밥을 허겁지겁 먹더군요.

생명은 유일무이합니다. 이러한 유일무이성을 단독성, 특이성, 특개성, 일의성 혹은 실존이라고 말합니다. 만약 제가 고양이로서의 본질이 모두 일치하는, 대심이를 닮은 고양이를 데려왔다 하더라도 그것은 무망한 짓일 것입니다. 대심이의 삶과 실존은 다른 어떤 존재로도 대체 불가능하기 때문입니다. 대심이가 살아가는 시간은 생명의 시간입니다. 삶의 시간입니다. 실존의 시간입니다. 그래서 대심이를 되찾은 순간은 하나의 삶을 되찾은 부활의 순간과도 같았습니다.

자본의 시간, 고양이의 시간

자본의 시간이란 돈으로 환산되는 시간입니다. 시간을 계측해서 1시간에 만 원, 3천 원 하는 식으로 환산하는 것이지요. 자본의 시간은 '~은 ~이다'라는 방식으로 의미화 하여 모든 것을 양(量)으로 환산한 시간입니다. 그렇게 단조롭게 편성된 시간도 없을 것입니다. 생명의 시간은 이와 명백한 차이를 갖습니다. 생명의 시간에는 요철, 굴곡, 주름이 아로새겨져 있습니다. 늘 사건이 가득하지요. 고양이 네 마리와의 삶은 늘 사건의 연속입니다. 떨어지고, 깨지고, 짜증 내고, 울고, 뛰어놀고, 딴청 피우는 등의 사건이 잇달아 일어납니다.

생명의 시간에 우리는 웃고, 울고, 떠들고, 즐거워하고, 절망합니다. 반면, 자본의 시간은 소비나 이익으로 수렴되고 이해관계에 집중하는 단조롭고 선형적인 시간입니다. 자본의 시간은 흥이 없고, 진정한 활력과 재미도 없고, 슬픔과 절망을 이겨내는 생명의 위대함도 없습니다. 단지 돈을 매개로 한 꽉 짜인 시간의 평면만이 있을 뿐입니다. 자본의 시간은 수전노처럼 핍진하고 늘 결핍되어 있습니다. 반면, 생명의 시간은 풍부하고, 다양하고, 화음과 멜로디로 가득 차 있습니다. 생명의 시간은 콧노래가 절로 나오는 시간입니다. 흥에 어깨가 들썩이는 시간입니다. 고양이와 제가 함께 춤을 추면서 율동을 맞추는 시간입니다.

지금 여기 있는 한 마리의 고양이는 자본주의로부터 벗어난 시간으로 우리를 인도합니다. 그 고양이를 '대심이'라고 호명함으로써 생명의 유일무이성을 각인한 것은 일종의 행운이었습니다. 대심이와의 시간은 이 순간이 삶에서 단 한 번뿐인 '실존의 시간', '삶의 시간', '생명의 시간'임을 느끼게 합니다.

독일의 철학자 하이데거(Heidegger)에 따르면 실존, 즉 유일무이성은 두 가지 영역으로 편성되어 있다고 합니다. 하나는 이 존재가 이 세상에 단 하나밖에 없는 존재라는 의미의 '존재의 유일무이성'이고, 다른 하나는 이 순간이 삶에서 단 한 번뿐인 시간이라는 의미의 '사건의 유일무이성'입니다.

하이데거가 《존재와 시간》이라는 저작을 쓴 이래로 실존 개념은 철학자들의 뇌리에 강렬하게 남아 있는 개념 중 하나입니다. 이쯤에서 '존재가 먼저냐? 시간이 먼저냐?'라는 철학적 질문도 가능합니다. 하이데거는 될 대로 되라는 식으로 사는 '속인(Das Man)'과 자신의 유한성과 끝을 염두에 두고 이를 염려하면서 사는 '현존재(Dasein)'를 구분합니다. 이 현존재라는 개념이 실존주의 철학의 시초점이 된 것입니다. 현존재의 시간으로부터 출발한 실존의 시간은 동시에 생명의 시간이기도 합니다. 그것은 지금 옆에서 누워 쿨쿨 자고 있는 고양이의 시간이기도 합니다. 현존재의 시간에서는 노동력을 시간으로 환산하는 일이 불가능합니다. 다만 그 시간에는 온갖 즐거움과 활력, 생명 에너지가 가득합니다.

평면적이고 비루한 시간을 다채롭게 춤추게 하려면 실존의 시간, 생명의 시간으로 재창조할 필요가 있습니다. 대심이가 음악을 들으며 꼬리를 살랑살랑 움직이고, 놀이 도구를 따라 이리저리 활기차게 뛰어다니는 것만으로도 시간은 풍부해지고 다양해집니다. 이처럼 생명의 시간은 평화의 시간, 역동의 시간, 감동의 시간과 연결되어 있습니다. 고양이와 함께 춤추고, 함께 잠을 자고, 함께 밥을 먹는 시간은 역동적이고 활력이 있는 시간입니다. 어떤 시간과도 바꿀 수 없는 생명과 조화를 이룬 시간입니다.

생명과 조화를 이룬 시간은 그 생명과 가까워질수록 뜨거워지고, 멀어질수록 그리워지는 시간입니다. 그래서 애정과 정성, 돌봄이 늘 지속적으로 생성되는 시간입니다. 대심이와 제가 함께 보내는 시간 중 가장 조화로운 순간을 꼽자면 단연 라쿠라쿠 침대에 함께 누워서 갸르릉 대는 대심이의 배를 만지며 자는 시간입니다. 그때 저는 생명 평화 세상에 대한 꿈과 상상력을 가장 많이 발휘하게 됩니다. 고양이처럼 이렇게 우리 가까이에서 외부 세상에서 겪은 상처와 아픔, 트라우마를 단번에 해결해주는 아름다운 존재도 없을 것입니다.

생명의 시간, 실존의 시간이 가진 찰나성이 마치 자본의 시간이 가진 일회용품과도 같은 찰나성과 유사하다고 착각하는 사람도 있을 수 있습니다. 이른바 욜로(YOLO, You only live once)족이라고 불리는 집단들은 소비와 향유, 과시의 찰나성을 얘기합니다. "그래, 인생

찰나의 의미

- 자본의 시간 = 소비와 향유, 과시의 순간 → 쾌락의 순간
- 생명의 시간 = 삶의 처음이자 마지막으로서의 순간

→ (소중하고 / 의미 있는) 순간

뭐 있어? 한 번뿐이야. 오늘 이 밤은 길어!"와 같은 반응이 욜로족의 맥락을 형성하고 있습니다. 그래서 한순간만 사는 불나방처럼 즐기다가 가는 무망한 삶에 오히려 환호하는 사람들도 생기고 있습니다.

그러나 찰나는, 이 순간이 유한한 삶에서 처음이자 마지막인 순간이라는 점에서 더 소중하게 아끼고 돌봐야 하는 생명살림의 의미를 갖습니다. 시간의 깊이와 잠재성으로 더 들어가기 위해서는, 찰나의 의미를 소비하고 소모하는 것이 아니라 지금, 여기, 내 주변 가까이를 보살피는 행위로부터 시작해야 합니다. 저는 대심이의 시간에 언젠가 다가올 끝이 있음을 항상 느낍니다. 어느 날 아침, 자리에서 일어나지 못하고 끙끙대는 대심이에게서, 이빨이 아파서 울고 있는 대심이에게서, 어딘가에 부딪혀 괴로워하는 대심이에게서 생명과 삶의 유한성을 발견합니다. 그래서 대심이의 존재가 더 소중하게 느껴집니다. 그 존재를 더욱 아끼고, 쓰다듬어주고, 약을 발라주고, 끌어안고 자게 됩니다.

대심이가 내게 준 선물

대심이를 잃어버렸던 사건은 전락성이 드러나는 순간이었습니다. 전락성이란 밑바닥으로 떨어져 인생의 가장 비천한 곳에서 삶의 진정한 의미를 깨달은 뒤, 그 갑작스러운 실존적인 깨달음에 의해 다시 튕겨서 뛰어오르는 상황을 의미합니다. 저는 전락성이 굉장히 고통스러운 동시에 얼마나 큰 실존적인 교훈을 주는지 알게 되었습니다. 고양이를 잃어버린 사람들의 마음이 갖는 전락성의 깊이는 말도 못할 정도로 깊습니다. 그 심연의 밑바닥에서 절규와 아우성이 솟아 나옵니다. 그러나 그 상황을 극복하게 되면, 고양이의 실존이 갖는 소중함을 다시 느끼게 됩니다. 이처럼 전락성은 밑바닥 감정에서 튀어오름으로써 실존의 참의미로 향할 수 있는 계기를 선사합니다. 그런데 그렇지 못한 경우도 있습니다.

무상의 실존이 그런 예입니다. 가까운 사람이 죽거나 아플 때 갑자기 삶의 의미가 무상해지고, 덧없게 느껴지는 경우가 있습니다. 치열하게 사느라 팽팽하던 줄이 갑자기 툭 하고 끊겨버리고 우리 앞에 정지해버린 시간이 펼쳐지는 것입니다. 그럴 때의 실존은 덧없음, 무상성, 헛웃음만이 나오는 상황으로 느껴질 수 있습니다. 그런 무상성의 상황은 매번 계속될 수도 있고, 어쩌다 한 번 찾아올 수도 있습니다. 우리의 삶과 생명은 모두 연결되어 있고 서로 의존하기 때문에 확실한 개체로서 고정되는 것이 아니라 사라짐, 공(空), 무(無), 비어 있음을 느끼더라도 이상한 일이 아닙니다.

제 지인 중 한 분은 길에서 아깽이 네 마리를 구조해서 지극정성으로 돌보았지만 전염병으로 모두 무지개다리를 건넜고, 그 이후 무상성을 느끼게 되었다고 합니다. 그는 저에게 무지개다리를 건넌 고양이 네 마리의 이름과 특징을 얘기하다가 결국 눈시울을 붉혔습니다. 실존은 무상성을 지혜롭게 극복하면서도 과도한 의미, 지위, 명예 등을 탐닉하는 것이 덧없음을 느끼며 살아감을 의미할 것입니다. 삶에 끝이 있다는 사실 앞에서 명예도, 이름도, 지위도, 부도 무망할 뿐이지요. 그것에 더 탐닉하고, 열중하고, 집착하는 것은 실존의 참의미를 아직 깨닫지 못했기 때문일 수도 있습니다.

대심이는 제 인생의 첫 고양이입니다. 길냥이들에게 사료를 주어서 친해진 적이 여러 번 있었지만, 삶을 같이 한 것은 대심이가 처음입니다. 연구실 문을 열면 얼른 일어나 반겨주고 함께 놀고 함께 춤추고 함께 음악을 듣는 일상이 그 이후에 펼쳐졌습니다. 저나 대심이나 유한한 존재이기 때문에, 대심이와의 삶은 끝이 예정된 행로입니다. 그러나 그 유한한 삶을 함께하며 교감하기 때문에 서로가 더 소중합니다.

대심이는 제가 대심이에게 큰 경제적인 이득을 주거나 맛있는 먹거리를 준 적도 없는데도, 늘 제 편이라는 것을 표현하고 믿음과 신뢰를 줍니다. 신기해서 아내에게 이런 얘기도 했지요.

"내가 별로 해준 것도 없는데, 대심이는 왜 이렇게 나에게 잘 할까?"

아내는 그 얘기를 듣고 빙그레 웃었습니다.

"그러게 말이야. 당신이 대심이에게 뭘 그렇게 잘 해줬길래, 그렇게 잘할까?"

대심이의 존재 자체가 저에게는 큰 선물입니다만, 클래식 음악에 몰두하고 까치와 교신하는등 대심이가 보여주는 일련의 행동양식들 역시 작은 기쁨과 선물이라는 생각이 듭니다. 이런 선물 같은 생명과 실존을 온전히 받아들이는 것, 그것이 저에게는 큰 과제입니다.

연구실 마당에 급식소를 차리고 난 뒤, 당시 길냥이였던 대심이 사진을 찍어 동물보호단체 활동가들에게 보여주며 이런 길냥이가 나를 따라 다닌다고 말한 적이 있습니다. 그러자 활동가 한 분이 "간택(揀擇)을 받은 것 같으니, 한번 같이 살아보는 것 어때요?"라고 얘기했습니다. 저는 당황해서 "밥은 주지만 어떻게 집에서 함께 살아요?"라고 되물었습니다. 당시에는 마음의 준비가 안 되었던 것이지요. 이후로 대심이는 연구실 밖에서 일 년 동안 저희들의 환대를 기다리며 주변을 서성였습니다.

그러던 중 한 번은 간식을 미끼로 대심이를 연구실 안으로 끌어들였습니다. 그날 대심이는 아내의 책상 아래 깔판에서 잠을 청했습니다. 아내의 얘기로는 발등 위로 느껴지던 심장이 콩닥콩닥 뛰는 소리와 따뜻한 체온이 좋았다고 합니다. 그러던 어느 여름날, 연구실 안으로 놀러 온 대심이가 앉았던 자리마다 빨간 핏자국이 얼룩져 있는 것을 발견했습니다. 동물병원에서는 길냥이들에게 자주 발견되는 방광염이라고 했습니다. 저희 부부는 그날로 방광염과 피부병에 시달리는 대심이를 연구실 안으로 들였습니다.

제 인생에서 가장 잘한 일이 있다면, 그때 대심이를 연구실 식구로 받아들인 것입니다. 한 생명을 온전히 받아들이고 책임졌다는 것만큼 자랑스러운 일도 없다는 생각이 듭니다. 이 글을 쓰는 중에도 책상 앞에 앉은 대심이가 저의 작업에 큰 관심을 보이며, 키보드 소리에 꼬리를 흔들며 응답하고 있습니다. 대심이가 그 존재 자체만으로 던지는 위대한 생명의 약속, 생명 살림의 약속, 생명 평화의 약속을 알아가는 시간입니다. 생명에게는 따뜻하고 부드럽고 엄청난 상냥함이 있습니다. 그래서 참 좋습니다. 유일무이한 존재가, 저 위대한 존재가 말입니다.

Lesson 9

너를 돌봄으로써 내가 성장하는 기적

•

스튜어드십

경영학 용어 중 스튜어드십(stewardship) 코드 개념이라는 것이 있습니다. 주주가 그저 주식을 사고파는 행위를 하는 것에 머물지 않고 기업의 경영에 개입함으로써 기업의 성장을 이끌어내는 것을 의미합니다. 이번 수업에서는 스튜어드십을 생명을 양육하는 집사 마인드를 갖춘다는 의미로 사용했습니다. 생명을 그저 자연 그대로 두어도 저절로 자랄 것이라고 여기던 시대는 끝났습니다. 이제는 스튜어드십을 발휘하여 더욱 적극적으로 돌봄과 살림을 실천함으로써 생명 위기 시대를 지혜롭게 대처해야 할 것입니다.

"왜 맡은 일을 제대로 하지 않았지? 고양이들을 생각하기는 하는 거야?"

아내로부터 한 소리 들으면서 저는 묵묵히 모래 삽을 들고 고양이 화장실 뚜껑을 열었습니다. 그날은 제가 잠시 집사 본분을 잊고 고양이 모래 속의 '맛동산'과 '감자' 캐는 일을 게을리했음이 아내에게 적발되었던 날입니다. 여기에서 맛동산은 고양이 똥이고, 감자는 고양이 모래에 흡수되어 응고된 고양이 오줌 덩어리입니다. 평소에는 잘 해왔는데, 가는 날이 장날이라고 딱 한 번 고양이 화장실 청소를 안 한 그날 바로 모래 검사가 이루어졌던 것입니다. 변명을 해보려고 했지만, 사실 변명의 여지가 없기는 했습니다. 8년차 집사인 저는 지금도 아내의 야단과 감시 속에서 스튜어드십 수련 과정을 보내는 중입니다.

스튜어드십은 양육자, 관리자의 마인드를 갖는 것을 의미합니다. 스튜어드십은 주주들이 주식을 산 회사의 경영에 개입하고 관리하는 적극적인 행동을 보이는 것을 뜻하는 경영학 개념인데, 집사 마인드라고 일축해서 말할 수도 있습니다.

어떤 일을 할 때 직접 나서서 그것을 하는 경우도 있지만, 옆에서 조력하고 도와주고 부추김으로써 일을 하는 것이 더 좋을 때가 많습니다. 아내는 저에게 또 다른 집사라고 할 수 있겠지요. 집사로서 할 일은 참 많습니다. 아침에 연구실 문을 열면 저는 냥이님들이 밤새 똥과 오줌을 잘 쌌는지, 고양이 모래를 고르면서 관찰합니다. 혹여 방광염이나 변비는 없는지 살피는 임무입니다. 물을 적게 먹는 고양이들에게 주사기로 물을 급여하는 일은 아내의 역할입니다. 제가 고양이들에게 변비가 있는 것 같다고 보고를 하면, 직접 만든 채소 가루를 사료에 뿌려주는 것도 아내의 몫입니다.

고양이 집사로서 할 일은 여기에서 그치지 않습니다. 적절히 물그릇을 배치하고 신선한 물을 매일 공급해줌으로써 고양이들에게 생길지 모를 신장병을 사전에 예방해줘야 합니다. 저는 물때가 끼지 않도록 물그릇을 닦고, 정수기에서 물을 받아 따라줍니다. 그것도 하루에 두 번, 시간을 잘 맞춰서 해야 하는 일입니다. 이따금 물때가 끼었다는 사실이 발견되면, 인간 집사인 아내로부터 한 소리를 듣습니다.

사료 공급 임무도 있습니다. 비율을 맞추어 기능성 사료와 일반 사료를 골고루 섞어 고양이들이 잘 먹을 수 있게 만들어야 합니다. 특히 사료가 배달되는 시점이 들쭉날쭉하기 때문에 사료가 떨어질 즈음에 아내에게 즉각 보고해야 합니다. 한 번은 사료가 떨어진 줄 모르고 있다가 고양이들이 반나절 동안 급식을 받지 못했던 초유의 사태가 벌어졌습니다. 저는 인근의 고양이 키우는 집에 사료 동냥이라도 다녀오겠다고 나섰지만, 아내로부터 더 큰 야단을 듣고 소금기 없는 삼치 조각과 고양이 간식을 고양이들에게 주면서 의기소침하게 조용히 하루를 보냈던 적이 있습니다. 고양이 집사로서 일생일대의 오점을 남긴 날이었지요.

고양이 발톱 정리 같은 최고난도의 섬세한 작업은 아내가 책임지고 있는데, 상처로 늘 손이 엉망인 아내를 볼 때마다 저로서는 도전하거나 범접할 수 없는 영역이라는 느낌이 듭니다. 고양이 병원에 정기검진을 갈 때 고양이 켄넬을 들고 가는 것도 저의 임무입니다. 병원에서 개와 고양이들의 비명 소리와 울음소리가 들리면 고양이들이 흥분해서 밖으로 나갈 수도 있기 때문에, 연구실에서 늘 부르던 동요 같은 노래를 곁에서 들려주는 것도 저의 일입니다. 고양이들에게 들려주는 노래는 상황별로 다양하지만, 음이 단조롭고 후렴구가 무한 반복되는 노래가 주를 이룹니다. 최근 대심이가 정기검진 중에 발치를 했는데, 두려움에 울고 있는 대심이에게 "두껍아, 두껍아" 하고 노래를 들려준 것은 저의 큰 치적이라고 할 수 있습니다. 고양이와 함께 놀이하는 것 역시 집사의 임무입니다. 놀이 시간에 저는 아주 발랄한 음성으로 고양이들에게 어필하면서도, 스토리가 있고 변화가 있는 놀이 시간이 되도록 노력 중입니다. 고양이들이 서로 놀려고 들 때 고양이들에게 순서를 부여해서 사회정의를 실현하고 평등 사회를 앞당기는 것도 중요합니다.

이따금 싸움이나 다툼이 일어날 때, 중재자 역할을 하는 것도 저의 특별 임무 중 하나입니다. 고양이들 간의 배치를 잘 살피면서 떼어놓을 때와 서로 가까이 둘 때를 구분하면서 폭력과 경쟁이 고양이 세계를 장악하지 않도록 '평화의 사도'로서의 역할도 해야 합니다. 다만 모모가 대심이를 따라다니면서 괴롭히는 상황은 대심이의 건강을 위해 두고 봅니다. 노령인 대심이에게는 운동이 필요할 뿐만 아니라 약간의 긴장이 건강에 도움이 되기 때문입니다. 그러나 대심이가 스트레스를 받을 것 같으면 은근슬쩍 둘을 떼어놓습니다. 모모의 행동이 아주 심할 때에는 쉬익쉬익 무서운 소리를 내면서 모모를 쫓아낼 때도 있습니다. 그럴 때면 모모는 약간의 두려움을 느끼는지 순순히 대심이를 놔줍니다.

집사의 하루는 짧습니다. 인생 전체를 두고 보자면 아주 긴 여정이지만, 순간순간 대처하기 위해 나름의 노하우와 지혜, 암묵지 등을 재빨리 발휘해야 한다는 점에서 일기일회(一期一會)의 순간이기도 하지요. 집사 생활 8년차이지만 저는 여전히 집사로서 초보입니다. 늘 정해진 일을 한다는 점에서는 선수지만, 매 순간 새로운 상황에 임기응변으로 대응하는 데에는 서툴다는 점에서는 아마추어이기 때문입니다.

스튜어드십과 돌봄의 미학

"스튜어드십이라! 집사가 되는 게 세상에 무슨 도움이 되나요?"

강의 시간에 갑자기 저를 당황케 하는 질문이 들어왔습니다. 저는 평소에 고양이 집사로서의 경험을 바탕으로 생명과 자연에 대한 양육자, 조력자, 시중꾼으로서의 스튜어드십에 대해서 설파하고 다녔습니다. 저는 내심 스튜어드십이 가진 철학적 의미를 더욱 화려하게 만들 참으로 미사여구를 동원하며 대답했지요.

"양육자가 되는 것이 집사의 본분입니다. 집사는 세상을 더 풍요롭게 만들고 자연과 생명이 더욱 꽃피도록 만듭니다."

저의 집사 철학은 화려한 철학적 언변으로 포장되어 있었지만, 사실 고양이와의 일상에서 벌어지는 다사다난한 과업들로 이루어져 있습니다. 생명은 그대로 두어도 '자란다'라는 자연주의 사상과 생명을 '키운다'라는 문명의 사상 사이에 양육자가 존재합니다. 생명은 '자라면서도 키우는' 것이기 때문에, 생명이 스스로 잘 발아하고 꽃피울 수 있도록 주변에서 독려하고, 양육하고, 부추겨야 합니다. 그것이 양육자의 임무라고 할 수 있겠지요.

그러나 이 논리는 배리(背理)를 품은 모순으로도 느껴질 수도 있습니다. 해방감과 통렬함을 주기보다는 예속되어 있고 갑갑하다고 느끼는 사람도 있을지 모르겠다는 생각도 듭니다. 사물과 생명, 자연, 기계를 돌보고, 아끼고, 보살피고, 닦고, 정돈하고, 수리하는 등의 행위양식이 지금처럼 풍요의 시대에는 낡고 오래된 구닥다리 발상처럼 느껴질 수도 있습니다.

그럼에도 불구하고 돌봄의 미학에 대해서 얘기하는 까닭은 누군가를 돌보는 것은 희생이 아니라, 그 돌봄을 통해서 자신이 더욱 성숙해 가는 과정일 수 있기 때문입니다. 돌봄은 돌보는 자기 자신이 더 미세해지는 과정이라고 할 수 있습니다. 돌보는 자의 시각을 갖게 되면 돌봄의 대상인 작은 고양이들의 반응을 섬세하고 예민하게 살피게 되고 어떤 배치와 허점이 있지는 않은지 바라보게 됩니다. 그러다 보면 고양이들에게 이렇게 해주었는데 생각해보니 저렇게 해줘야 할 것 같다는 부분이 늘 등장합니다. 이를테면 고양이 치약을 단순히 먹여주는 방식에서 벗어나 이빨에 문질러주기 위해 고양이들이 잠자고 있을 때 다시 시도해보면 어떨까 하는 식으로 돌봄의 과정에서 더 나은 돌봄을 위한 아이디어들이 계속 떠오릅니다. 그런 과정을 거치면서 고양이에 최적화된 돌봄으로 향해 가는 것이지요.

저는 고양이들을 돌보면서 희생이나 봉사한다는 생각은 해본 적이 없습니다. 고양이 자체가 제 인생에 가장 큰 선물이기 때문입니다. 나의 거주지에서 한 생명이 새록새록 잠을 자고, 내가 치워준 모래에서 똥을 싸고, 나와 함께 놀이에 전념하면서 제 몸을 부벼대는 것이 그저 큰 기쁨일 따름입니다. 그래서 '너희들이라면 뭐든지 해줄 수 있어'라는 내리사랑의 마음이 생기는 것도 사실입니다. 단지 귀여워서가 아닙니다. 장난감처럼 재미있어서가 아닙니다. 한 생명이 저의 돌봄과 양육에 따라 건강하게 크고, 잘 자고, 잘 노는 것 자체가 보람되기 때문입니다.

막내 또봄이가 한동안 똥을 아주 적게 싼 적이 있습니다. 고양이 모래를 치우다가 그 사실을 발견한 저는 아내에게 즉각 보고를 했지요. 이후 아내는 또봄이 배를 살살 만져주면서 동요 하나를 불러주는 것이 일상이 되었습니다. 그리고 물을 더 먹이기도 하고, 운동을 더 시키기도 하고, 사료를 바꿔주는 등 일련의 삶의 배치를 수정하더군요. 덕분에 또봄이는 예전처럼 아주 실한 맛동산을 생산하게 되었습니다. 이를 통해 저는 어떻게 양육하고 돌보고 섭생을 이룰 것인지에 대해 집사의 관심사는 늘 열려 있어야 한다는 교훈을 얻었지요. 집사의 궁극적인 목적은 생명을 살리는 것, 즉 생명 살림이 아닌가라는 생각도 듭니다.

테크네냐? 포이에시스냐?

미국의 시인이자 농부 철학자인 웬델 베리(Wendell Berry)는 저서 《소농, 문명의 뿌리》에서 양육자로서의 소농이 만든 문명이 문명사적으로 어떻게 과학기술 문명의 전문가들에게 공격당하고 배제되어 왔는가를 말합니다. 그는 기술의 두 가지 양상에 대해서 얘기합니다. 하나는 '테크네(techne)'입니다. 테크네는 현존 과학기술 문명이라고 보아도 무방한데, 생명과 자연을 쥐어짜고, 약탈하고, 채굴하고, 추출함으로써 이득을 얻는 방식의 문명입니다. 테크네에 의해 생명은 벌거벗은 신체를 드러내고 바들바들 떨며 자신의 본질까지 이르는 과학기술의 시선 앞에 탐색당합니다.

다른 하나는 '포이에시스(poiesis)', 즉 제작으로서의 기술입니다. 제작은 생명과 자연을 양육하고, 부추기고, 섬기고, 돌봄으로써 그 과정에서 자신의 삶을 유지하는 방식입니다. 포이에시스를 통해 생명과 자연은 더욱 찬연하고 풍요롭게 증식하고 열매를 맺습니다. 이에 따라 인간도 함께 풍요의 열매에 다가갈 수 있습니다. 유기농업에 종사하는 농부들이 생명의 순환, 자연의 순환을 도모하고, 부추기고, 양육하면서 살아갔던 과정이 포이에시스를 의미함은 분명합니다.

고양이를 키우는 것은 테크네와 정반대에 있는 포이에시스의 방식을 따릅니다. 고양이로부터 이득을 얻겠다고 생각하는 것이 아니

테크네 vs. 포이에시스

과학 ⟵⟶ 자연

기술 ⟵⟶ 생명

이익 추구 ⟵⟶ 풍요와 순환

라 오히려 고양이들을 돌봄으로써 치유의 감정을 갖게 되고, 큰 선물을 받은 것만 같고, 삶의 풍요를 느끼게 되는 것이지요. 그러나 그 역시도 부수적인 효과에 불과합니다. 고양이를 돌보는 일련의 과정에서 자신의 삶과 고양이 사이에 놓인 생활 세계가 더욱 미세해지고 섬세해지는 것을 느끼는 것, 그것이야말로 가장 일차적인 포이에시스의 효과입니다.

고양이가 지나간 자리에는 작은 생명이 가진 활력의 흔적이 아른거립니다. 고양이가 잠자던 자리에는 생명의 태곳적 꿈이 아로새겨져 있습니다. 고양이와의 놀이는 나를 아이처럼 들뜨게 만듭니다. 돌봄이 다른 사람을 위한 것이라는 말은 허구입니다. 돌봄은 돌보는 나 자신을 더욱 아름답게 만듭니다. 저는 고양이들로부터 이루 말할 수 없는 크기의 선물을 받았는데, 바로 더 섬세해지고 예민해진 저 자신입니다. 돌봄의 원점회귀적인 속성에도 불구하고 일궈진 것이 있다면 바로 저 자신이 성숙하고 예민한 집사가 되어가고 있다는 사실입니다. 고양이와 반려한다는 것은 고양이 집사로서 자신이 재탄생함을 의미합니다.

저의 8년차 집사 역사의 첫 장에는 대심이라는 존재가 떡하니 자리 잡고 있습니다. 저는 매사 신중하게 노령묘 대심이에게 좋은 삶을 주는 길이 어떤 것인지에 대해 고민했지요. 사료며 모래며 장난감이며 간식을 사다 나르는 것은 기본이고, 대심이에게 좋은 환경, 좋은 음악, 좋은 물, 좋은 온도, 좋은 사회 등을 제공하기 위해서 노력했습니다.

그리고 대심에게 좋은 환경은 바로 저에게도 좋은 환경이었기 때문에 대심이를 돌보면서 저 자신도 돌보게 되었습니다. 그렇기 때문에 이 돌봄을 일방적으로 희생하고 봉사하는 과정이라고 보기는 어려운 것이지요. 대심이와 함께 만든 삶의 무늬와 결, 스토리에 그 누구보다 저 자신이 기뻐하고 즐거워했으니까요.

대심이를 통해서 저는 행복이 가까이에 있음을 확인했습니다. 성공과 승리를 이룬 자신을 향해 나아가는, 저기 저편으로 향하는 행복은 늘 달아나버리지는 않을까 노심초사하며 초조해지는 행복의 유형입니다. 그에 반해 '지금, 여기, 가까이'에 있는 고양이가 주는 행복은 늘 저를 믿고 따르는 고양이를 돌봄으로써 제 삶의 짜임새 역시 잘 갖추게끔 만드는 행복이었습니다. 그런 점에서 집사 마인드를 갖게 된 것은 돌봄의 미학을 통해 삶을 재설계하는 과정이었다고 말할 수 있습니다.

양육자로서의 소농 마인드

한 번은 대심이가 저에게 다가와서 낑낑거렸습니다. 말이라도 하면 좋으련만 속내를 말하지 못하고 가슴만 아프게 했습니다. 자세히 살펴보니 머리 군데군데 털이 빠져 있어 땜빵이 생겼지 뭡니까. 걱정이 된 저는 가정용 CCTV를 설치하고, 저희 부부가 퇴근한 후 고양이 세계에서 무슨 일이 있는지 관찰하기 시작했습니다. 녹화된 내용을 살펴보니 대심이는 모모와 또봄이 남매에게 황급히 쫓기고 있었습니다. 피할 곳이 없는지 연신 당황하고 어쩔 줄 몰라 했습니다. 엄청난 스트레스를 받는 모습이었습니다. 그다음 날 저희는 대심이의 은신처를 몇 군데 마련해주었습니다. 다른 고양이들의 손이 닿지 않는 의자 속이나 높은 곳에 잠자리를 여분으로 마련해주었습니다. 다음 날부터 대심이는 새로 마련된 은신처에서 새록새록 잠이 들었고, 더 이상 낑낑거리며 힘들다는 표현을 하지 않게 되었습니다.

소농은 생명, 사물, 자연, 기계로부터 어떤 확실한 대답이 있다고 단정 내리지 않습니다. '이렇게 하면 어떨까?', '저렇게 하면 어떨까?' 고민하며 끊임없이 생명과 자연의 배치를 재배치하고, 양육하고, 돌보며, 수정하고, 정정하는 과정을 이어갑니다. 우리는 소농으로부터 생명과 자연을 빤하게 바라보지 않는 태도를 배워야 합니다. 그것이 스튜어드십의 핵심입니다. 집사의 막중한 임무를 망각한 채 '고양이는 고양이일 뿐이지'라고 생각한다면 고양이를 더 섬세하게 돌볼 수 없게 됩니다. 고양이는 하나의 거대한 문제 설정이자 질문입니다. 그 질문이 가진 의미에 대해서 '~은 ~이다'라고 확언할 수 있는 사람은 어디에도 없습니다. 그 미지의 질문에 귀 기울이면서 끊임없이 양육하고 돌보는 과정만이 있을 뿐이지요.

대심이가 연한 올리브그린 색을 띤 눈으로 주변을 유심히 바라볼 때, 저는 생명이 둘레환경에 던지는 거대한 호기심에 주목하게 됩니다. 그것은 답이 하나일 수 없는 질문과 같습니다. 답이 없을 수도, 답이 여럿일 수도, 모두가 답일 수도 있는 질문입니다. 그래서 저는 궁극적으로 스튜어드십은 질문을 계속 던지면서 끊임없이 자신의 배치를 바꾸면서 생명력과 활력을 도모하는 과정이라고 생각합니다.

그런 점에서 스튜어드십을 수행하는 집사가 던져야 하는 질문은 본질과 이유에 대한 질문인 '왜(Why)'가 아니라, 작동과 양상, 방법론의 질문인 '어떻게(How)'여야 한다는 생각이 듭니다. 생명에 대해서 빤하게 생각하는 것은 그 생명이 왜 그런지 안다고 착각하는 데에서 비롯됩니다. 먼 허공을 바라보면서 까치와 교신하는 대심이의 마음이 어떤 본질을 갖고 있는지는 아무도 모릅니다. 저의 스튜어드십은 이러한 대심이의 신령함에 대해 알아나가는 과정이라는 생각도 듭니다. 집사 8년차, 아직 갈 길이 멉니다. 그러나 저는 이 직업이 정말 좋습니다. 아무래도 천직인 모양입니다.

Lesson 10

나와 무관한 삶에 손을 건네면

•

환대

환대는 낯설고 이질적인 것을 포용과 열린 자세로 맞이하는 태도를 의미합니다. 환대의 열림은 지극히 낯설어서 관계없음으로 향하거나 낯섦을 쉽게 단정 내려서 빤하게 보는 관점이 아닙니다. 그 이질적인 낯섦을 통해 자기 내부에 있는 타자보다 더 타자다운 면모를 발견해내어 풍부해지고 다양해지는 것입니다. 이번 수업에서는 환대를 자신의 최대 약점까지도 드러냄으로써 색다른 관계를 수립하는 단계까지 이르는 개념으로 표현했습니다.

매일 아침 연구실 문을 열면 일종의 서프라이즈가 기다리고 있습니다. 언제부터 나와서 기다렸는지 문 옆에서 대기하던 달공이가 또 한 차례 발라당을 선보일 것이기 때문입니다. 달공이는 수줍음이 참 많지만, 정도 참 많습니다. 저희 부부에게는 늘 하루의 아침을 시작하는 신호와도 같은 발라당을 선보이고, 제가 배를 만지면 갸르릉거리면서 행복을 마음껏 즐깁니다. 고양이에게 발라당은 일종의 행위 예술이자 퍼포먼스로 '나는 당신을 환대한다네'라는 신호와도 같습니다.

저희 부부는 7년째 계속되고 있는 달공이의 발라당에 매번 감동하고 말지요. 저희는 발라당이라는 한 편의 멋진 행위 예술에 눈이 멀어버린 집사들입니다. 특별히 해준 것도 없는데, 자꾸 자신의 몸을 던져 환대하는 달공이의 모습이 참 좋습니다. 그렇다고 해서 달공이가 연구실에 출입하는 모든 사람을 환대하는 것은 아닙니다. 고양이들도 취향이 있어서 모든 사람에게 발라당을 보여주지는 않습니다.

특히 달공이는 낯선 사람들에 대한 경계심이 많아 평소에는 주요 근거지인 작업실 방에 틀어박혀 세미나를 하는 거실에 절대 나오지 않는 것으로 유명합니다. 그렇기 때문에 귀여움으로 어필하고, 발라당으로 녹다운 시키는 달공이의 필살기는 아주 극소수의 사람만이 아는 치명적인 매력이지요.

매일 아침 달공이의 발라당 한 판은 밤새 네 마리의 고양이들이 잘 지냈다는 인사이자 녀석들이 우리를 기다려주었다는 표현인 것 같아 볼 때마다 기분이 참 좋습니다. 달공이는 아침 시간을 비롯해서 이따금 마음에 들면 발라당을 통해 자신의 감정을 잘 표현합니다. 그러면 고양이들에게 환대받고 있다는 생각에 감동의 쓰나미가 몰려오곤 합니다.

아깽이 무렵부터 저희와 함께 살아온 달공이는 저희 부부를 엄마 아빠라고 굳게 믿는 모양입니다. 달공이는 한창 사랑받던 네다섯 살 무렵에 아픈 고양이 모모가 새로 들어오는 바람에 엄마의 사랑을 뺏겼다고 생각하면서, 한때 심한 우울증을 겪었습니다. 그때는 평소에 그렇게 잘하던 발라당도 안 하고 계속 조용히 잠만 잤고, 살도 많이 쪘습니다. 그러던 달공이가 밤새 잘 지냈는지 확인할 수 있는 길은, 연구실 문을 열 즈음 후다닥 뛰어나와서 저희 앞에서 발라당 하는 모습을 보는 것이었습니다. 자신의 필살기인 발라당을 통해 엄마를 다시 되찾겠다는 집념이 돋보이는 아침이기도 했던 것이지요. 그래서 저희들은 아주 진지하게 달공이의 발라당을 받아들입니다. 배를 만져주고 쓰다듬어주고 "달공이 잘했네, 아유 잘한다"라고 추임새도 넣으면서 달공이의 진심을 어루만집니다.

환대의 역설, 약점을 드러내어 마음을 열게 하기

환대는 낯설고 이질적인 것에 대해 열린 태도를 취하는 것을 의미

합니다. 환대의 태도에서 너무 멀어지면 관계없음으로 향하고, 너무 가까워지면 빤하게 단정을 내린다는 면을 우리는 주의해야 합니다. 고양이가 보여주는 환대의 역설에 대해서 아시나요? 고양이들이 배를 내보이며 발라당 하는 것은 사실 자신의 최대 약점을 보여줌으로써 '나는 너를 신뢰해'라고 표현하는 것입니다. 누구든 자신의 약점을 드러내 보이기란 그리 쉬운 일이 아닙니다. 언제 적으로 돌아설지 모르는 존재에게 자신의 약점을 내보이는 것은 자신의 목숨을 맡기는 것이나 마찬가지니까요. 그러나 그 정도로 자신의 모든 것을 내던지겠다는 의지를 보이는 행위는 상대방의 마음을 여는 원동력이 되기도 합니다. 달공이의 발라당이 용기 있는 행동임을 깨닫고 나면 새삼 더 큰 감동으로 다가옵니다. 자신의 약점을 스스럼없이 보여주는 달공이의 모습에서 우리가 도달해야 할 환대의 수준과 깊이가 얼마나 심오한가를 깨닫습니다.

그런 점에서 환대의 의미는 새롭게 재구성되어야 합니다. 그저 낯선 것에 대해 마음을 여는 정도의 환대가 아니라, 나의 약점과 허점을 보여줄 수 있을 정도로 자신을 확 열어두겠다는 것이 환대의 진정한 의미가 아닐까 싶습니다. 그러나 처음 본 사람에게 자신의 약점을 드러내기란 쉬운 일이 아니지요. 낯설고 이질적인 사람이 다가오면 우리는 주춤거리고 뒤로 물러나기 십상입니다. 더 나아가 낯선 존재가 다가오면 더럽다며 혐오하거나 배제하는 등의 행동을 보이는 사람들도 있습니다.

제주도에 500여 명의 예멘공화국 난민이 찾아온 2018년에 한국 사회에서는 혐오와 배제의 분위기가 들끓었습니다. 난민들을 둘러싼 온갖 가짜뉴스들이 횡행했지요. 난민에 대한 혐오는 우리 사회에 소수자와 사회적 약자에 대한 혐오가 만연함을 의미합니다. 혐오와 배제의 태도는 외부 사람을 향하기도 하지만, 정상성의 궤도로부터 벗어난 내부 구성원을 향하기도 하기 때문입니다. 낯선 이방인을 배제하고 혐오한다면 그다음에는 장애인을, 그다음에는 청년과 청소년을, 그다음에는 노인을, 그다음에는 동물을 같은 태도로 대할 것입니다. 그리고 최종적으로 우리 자신을 혐오와 배제의 시선으로 보게 될 것입니다. 우리 자신은 때때로 타자보다 더 타자와 같은 존재들이니까요. 이를테면 녹음기로 자신의 음성을 들었을 때 얼마나 다르고 낯설게 느껴지는지 경험해보셨을 겁니다. 그러나 내 머릿속에서 울리는 소리가 아니라 울림이 없는 그 소리가 진짜 자신의 목소리라고 합니다. 우리 자신조차도 스스로에게 낯선 면모를 갖고 있는 셈입니다.

외국으로 여행을 가면 우리가 이방인의 존재임을 몸소 체감할 수 있습니다. 국경 밖으로 벗어나는 간단한 행동만으로 단 몇 시간 만에 우리는 우리를 동양인이나 황인종으로 바라보는 시선을 받게 됩니다. 우리 안에 이방인이 될 수 있는 여지는 풍부합니다.

시리아에서 1,200만 명의 난민이 발생했을 때, 다양성의 나라 캐나다는 수많은 난민들을 받아들였습니다. 대통령이 직접 마중을 나와서 난민 한 명 한 명에게 의료보험증과 사회복지증서를 나누어주면서 환영했습니다. 환대는 단지 낯선 이방인을 위한 행동이 아닙니다. 낯선 존재를 받아들임으로써 우리의 삶을 재발견하고 재창조하여 우리 자신이 풍부해지고 다양해지기 위해서 하는 것입니다. 세상의 다양성은 이질적이고 낯선 존재에 대한 차별이 아닌 존중의 태도에서 시작됩니다.

오늘도 우리의 달공이는 낯선 사람들 앞에서 자신의 최대 약점인 배를 드러내 보이면서 환대를 시도합니다. 우리 사회가 달공이처럼 환대를 해낼 수 있을까요? 자신의 약점까지도 솔직히 드러내 보이면서 온몸을 던져 환대할 수 있을까요? 저는 그럴 수 있다고 생각합니다. 우리 내부에는 낯선 존재를 따뜻하게 환대할 수 있는 사랑의 능력이 있으니까요. 우리는 따뜻한 품을 갖고 있는 사람들입니다. 우정과 사랑의 이름으로 환대할 수 있는 능력을 가진 사람들입니다. 우리는 분명 달공이만큼 잘해낼 수 있습니다.

이방인에 대한 환대와 관계없음의 지평

이방인에 대한 환대는 소수자에 대한 우애와 한 쌍을 이룹니다. 여기에서 환대가 공동체 외부를 향하는 것이라면, 우애는 공동체 내부를 향한 것입니다. 환대의 관계 맺기와 우애의 관계 맺기 사이에 무수히 많은 관계들이 존재합니다. 그 사이의 관계들이 곧 사회적 관계망이라고 할 수 있겠지요.

문제는 '우애냐? 환대냐?'의 여부가 아니라, 관계없음의 지평입니다. '너는 너일 뿐이고 나는 나일 뿐이다'라는 논리는 위생적이고, 탈색되고, 중화된 관계없음의 지형을 우리 사회에 이식한다고 저는 평가합니다. 도시에서 수많은 사람들과 마주치면서도 관계없는 사람의 소식을 전해 듣고, 관계없는 사람과 거래를 하고, 관계없는 사람과 벽 하나를 맞대고 살아가는 현실은 무시무시합니다. 아주 예외적으로 뉴욕의 치마타(Chimata)처럼 낯선 사람들에게 눈인사를 하는 자유 도시의 전통이 있기는 하지만, 대부분의 메가 시티에서는 다수의 사람들이 관계없음 속에서 살아가는 것이 사실입니다. 적어도 고양이와 나 사이의 관계는 있지만, 옆집 사람과는 관계 자체는 성립되기 어려운 것이지요.

저희 부부가 사는 아파트에서 길냥이 밥을 주던 때가 있었습니다. 앞에서 언급한 바 있는 누룽지라는 길냥이와의 인연 때문이었지요. 그 후 몇 차례 누룽지를 만나면서 저희는 아예 아파트 1층 화단에 길냥이 급식소를 차렸습니다. 비단 누룽지만을 위한 것은 아니었지만, 배를 보이면서 저희를 환대해준 누룽지에 대한 걱정이 길냥이 급식소를 만든 이유의 큰 비중을 차지했습니다. 그곳에 누룽지는 물론이고 다른 길냥이들이 이따금 찾아와 밥을 먹었습니다. 그런데 봄이 되자 고양이들이 발정이 나서, 옆집 눈치가 많이 보였습니다. 아이 울음소리와 같은 소리가 들릴 때마다 혹여 '누룽지가 아닐까', '우리 급식소는 어떻게 되나', 걱정이 태산이었지요.

그러던 어느 날, 까치와 까마귀가 급식소에 떼로 몰려와 점거농성을 시작했습니다. 이후 새들의 공격에 밀려서 고양이들이 오지 않게 되었고, 대신 엄청난 새똥이 베란다에 쌓이게 되는 사태가 벌어졌습니다. 저희는 도둑이 제 발 저리는 심정으로 급식소를 폐쇄하기에 이릅니다.

이상했던 것은 아파트 주민들 중 누구도 거기에 대해서 반응하지 않고, 고요한 침묵만이 감돌았다는 사실이었습니다. 우주에서 우리 부부 둘만이 떨어져 있다는 느낌이 들었습니다. 관계없음의 지평은 침묵하고, 고요하고, 시선만 보내고, 얼른 자리를 피하고, 더럽다고 생각하는지 관여하지 않고, 어떤 소동이나 갈등조차도 없는 고립무원을 만들어 냅니다. 그리고 이런 관계없음의 지평이 우리 사회를 장악한 혐오의 정체입니다. 관계 자체가 갖고 있는 사랑, 욕망, 돌봄의 특징에 대해서 사람들은 촌스럽고 낡은 구닥다리로 여깁니다. 혹여 자신의 사생활을 간섭하고 참견하지 않을까 염려하며 거리를 둔 채 관여하지 않고 멀찌감치 떨어져 바라봅니다.

그러나 우리는 연결되어 있습니다. 세상과 자연과 생명은 서로 의존하고 관여합니다. 그 작은 연결망 중 하나가 바로 고양이들과 저의

환대

॥

관계 맺음

॥

타인을 배려

॥

교감과 포옹

॥

생명에 대한 존중

관계입니다. 고양이들은 저로 하여금 관계 맺기의 장점을 깨닫게 하는 존재입니다. 서로 쓰다듬고, 아끼고, 피드백하면서 관계를 성숙시켜 나가는 것이 인생에서 얼마나 중요한지를 깨닫게 해준 존재가 저에게는 바로 고양이들입니다.

아예 관계를 맺지 않고도 살아갈 수 있는 이 세상에서 그 무엇과 관계를 맺는 것은 곧 환대가 시작되었다는 증거입니다. 환대는 자신의 생활 세계 내에 이방인으로 간주했던 낯선 존재를 끌어들이는 것입니다. 한 번은 문래동에 거주하던 프랑스인 안토니가 저에게 프랑스어를 지식 나눔 해준 적이 있습니다. 일주일에 한 번씩 연구실에 찾아와 저의 되지도 않는 프랑스어를 봐주었던 것이지요. 그 역시 저처럼 고양이를 무척 좋아하는 사람이었습니다. 제가 워낙 프랑스어에 깜깜이였다 보니 좀 덜 서툰 영어나 손짓 발짓 등으로 의사소통을 하게 되었는데 저는 그게 싫지만은 않았습니다. 정확한 의미를 전달하지 못한다고 하더라도 서로가 서로에게 표현하려는 바가 있다는 것이 중요했으니까요.

고양이가 이방인을 대하는 법

자크 데리다(Jacques Derrida)는 저서 《환대에 대하여》에서 무권리자인 이방인들에게 환대는 새로운 사회계약을 형성하는 것처럼 기존 관계를 재편하고 넘어서는 초월적인 지위를 갖는다고 말합니다. 비단 이방인들뿐만이 아니라, 자국민인 우리 자신들에게도 새로운 사회계약이 필요한 때가 있다고 생각합니다. 기후 위기에 따라 타자보다 더 타자가 되어버린 우리 자신에 대한 기후 정의의 요구가 그것입니다. 우리 주변에 있는 소수자와 사회적 약자, 빈곤층에 대한 배려와 관심이 어느 때보다 중요해진 상황입니다. 여기에서 국가와 시민이 맺는 새로운 사회계약으로서의 그린뉴딜(Green New Deal)을 다시 생각해볼 수 있습니다.

그린뉴딜은 기후 정의, 일자리, 재생에너지, 정의로운 전환 등의 새로운 패러다임으로 다시 사회계약을 한다는 의미를 갖고 있습니다. 새로운 사회계약은 환대의 작동방식으로부터 출발합니다. 완전히 다른 사회는 가능합니다. 완전히 다른 관계 맺음도 가능합니다. 그에 대한 힌트를 환대에서 찾을 수 있습니다. 지금까지 근대사회는 책임, 권리, 의무, 당위, 믿음에 입각한 책임 주체의 권리주의 맥락을 발전시켜 왔습니다. 사실상 권리주의의 출발점은 재산권, 소유권이고, 그

도착점은 인권이었습니다.

그런 권리주의에 입각한 근대사회에서 사회계약을 맺지 않은 이방인은 무권리자이며, 맨몸뚱이만 갖고 있는 자, 낯선 자였습니다. 그런 맥락에서 봤을 때, 국가주의, 인종주의, 민족주의가 취한 파시즘적인 행위양식 중에 외국인 혐오가 자리 잡고 있었던 것은 우연이 아닙니다. 근대는 주체라는 개념을 투명하고 순수한 개념으로 보았지만, 현실에서 주체 개념이 '타자보다 더 타자다운 면모'로 가득 차 있다는 점을 미처 깨닫지 못했습니다. 이를테면 우리의 신체 안에도 다양한 타자가 들어와 있습니다. 미생물, 자연, 생명, 기계, 광물, 우주 등이 내 안에서 들끓고 있습니다.

저는 스스로를 들여다볼 때 '타자보다 더 타자답다'라고 느낄 때가 많습니다. 맛있는 것을 보면 저의 의지와 무관하게 손이 먼저 가서 동물처럼 우적우적 먹을 때도 있고, 소문난 몸치임에도 불구하고 아름다운 음악에 저도 모르게 춤을 춘 적도 있습니다. 스스로 보기에 낯선 모습이지요. 어쩌면 동물, 아이, 이방인 등 낯설고 이질적인 존재를 모시고, 살리고, 보살피고자 하는 마음은 바로 이런 내 안에 내재된 타자들에 대한 환대의 다른 모습이 아닐까 하는 생각이 듭니다.

물론 이질적인 것에 대해 저절로 주춤하고 갑자기 놀라는 것도 사실입니다. 이를테면 발을 다쳐 낑낑대던 길냥이에게 다가가려고 할 때, 갑자기 하악질을 하며 도망쳐서 깜짝 놀란 적도 있습니다. 야생성을 갖고 있는 길냥이를 그저 내 선의로 쉽게 병원에 데려갈 수 없다는 사실을 그때 깨닫습니다. 이질적이고 낯선 존재들인 생명, 이방인, 소수자들을 권리를 가진 존재로 간주하고 이들이 직면한 문제를 해결해줘야 한다는 맥락으로 접근하는 것은 하나의 경로일 수는 있어도 만능열쇠와 같은 답은 아닐 것입니다. 그 이전에 환대가 선행되어야 하는 것이지요. 사회적인 맥락과 배치가 환대로 향하지 않은 채 법 구절이나 규칙의 변화만으로 이들에게 무작정 권리만을 부여할 수 없는 노릇입니다. 환대 없는 권리를 통한 식별은 폭력이 될 수밖에 없고, 환대 없는 권리의 부여는 불가능할 것이기 때문입니다. 그런 점에서 환대처럼 권리 바깥에 있고, 권리를 넘어서 있으면서도, 권리를 구성하는 것도 없다는 생각이 듭니다. 환대는 색다른 관계 맺음의 시작입니다. 손을 뻗어 그들에게 환영과 감사의 인사를 나누는 용기 있는 행동입니다.

달공이의 환대는 매일 지속되는 일상이지만, 그 뒤집고 뒹굴뒹굴하는 행동들을 보면 그처럼 절실하고도 울음 섞인 포옹과 미소 띤 마중도 없겠다는 생각이 듭니다. 그냥 환대하는 것이 아니라 자신의 최대 약점까지도 초월한 환대이기 때문에, 더 절절하고 아름다운 것 같습니다. 작열하는 태양이 뜨기 전, 아침 일찍 달공이의 발라당이 있어 저의 하루는 보람차게 시작됩니다. 환대의 고양이, 달공이가 여는 하루는 늘 새롭습니다.

Lesson 11

표현을 관찰하면 비로소 보이는 것들

•

표현양상

펠릭스 가타리는 표현양상을 표현의 자율성이라고 불렀습니다. 표현 자체가 다른 표현으로 이행하여 다른 방식을 개방한다는 것이 핵심이지요. 가타리는 방울새의 풀잎봉납이 원래는 둥지를 만드는 것을 돕는 수컷의 표현양상이었다가 구애를 위한 표현양상으로 변화하고 이행한 것을 사례로 듭니다. 이번 수업에서는 동물들의 표현양상이 하나의 고정된 행위양식인 '~은 ~이다'라는 인간의 의미화 방식을 넘어서, 보다 풍부하고 다양한 행위양식으로 나타날 수 있음을 말하고자 했습니다.

저희 연구실의 막내, 한 살 고양이 또봄이의 일상은 흥미롭기 짝이 없습니다. 거의 하루 종일 아내와 놀면서도 아내와 마주칠 때마다 놀아달라고 애원하는 눈빛도 그렇고, 사료 그릇 옆을 지나칠 때마다 어김없이 밥을 먹는 식탐의 행각도 그렇고, 단짝인 모모와 팀을 이루어 '묘르신' 대심이를 쫓는 모습도 그렇습니다.

또봄이는 어릴 적 허피스 바이러스 감염으로 인해 안압이 높아져서 한쪽 눈이 주먹만 하게 부풀어 오르는 바람에 눈 하나를 적출한 애꾸냥입니다. 눈 한쪽을 잃음으로 인한 제약은 상당합니다. 구조학적으로 한쪽 눈으로만 세상을 본다는 것은 일상적으로 맹점(blind spot)을 가지고 살아간다는 것을 의미합니다. 내내 가지고 놀던 장난감이 조금만 옆으로 이동해도 사라진 것처럼 느껴지는 일이 또봄이에게는 다반사인 것이지요. 또봄이가 사차원 고양이가 된 데에는 다 이런 이유가 있지 않은가 싶습니다. 그뿐만이 아닙니다. 거리나 깊이를 잘 가늠하지 못해 높은 곳에 올라가는 걸 어려워하거나 올라가더라도 쉽게 뛰어내리지 못하는 경향이 있습니다. 그러다 보니 다른 고양이들에 비해 운동량이 현저히 떨어져서 현재 비만에서 고도비만으로 점점 다가가는 중입니다.

하지만 그런 또봄이의 핸디캡이 오히려 장점이 되기도 합니다. 또봄이는 세상을 다른 방식으로 보고, 다른 방식으로 표현하는 능력이 어떤 고양이보다 뛰어납니다. 모모와 단짝을 이루어 밤낮으로 서로 핥아주고 부벼대는 등의 애정 행각을 벌이는 것은 기본이고 모모가 하는 일이라면 네 발 다 걷고 달려들어 도와주기를 서슴지 않습니다. 지치는 법 없이 노는 에너자이저요, 한번 빠져든 놀이에서는 절대 양보하거나 중도하차 하지 않는 타고난 승부사이기도 합니다. 그런가 하면 값비싼 장난감보다 아내가 택배 끈으로 얼기설기 만든 낚싯대에 죽고 못 사는 또봄이입니다. 이리저리 흔들리는 낚싯대 끝을 한 발로 탁 밟고는 입에 물기라도 하면 아주 신이 나서 "냐아옹" 하고 길게 소리를 지르는데, 그 소리가 마치 "내가 잡았어"라고 외치는 것처럼 들립니다.

어느 날 아내는 첩보 작전을 능가하는 민첩한 동작으로 모모를 안고 옆방에 가서 문을 잠갔습니다. 그동안 또봄이만 독립적으로 놀아주다 보니 모모가 서운해하는 눈치를 보이는 것이 마음에 걸려서 또봄이 몰래 모모와 좀 놀아주려고 했던 모양입니다. 그런데 잠자던 또봄이가 눈치를 채고 일어나 옆방 방문 앞에서 구슬프게 울면서 방문을 박박 긁기 시작했습니다. 어찌나 서럽게 울던지 동네방네에 "나 정말 서럽소, 나만 빼놓고 그러기야!"라고 외치는 것 같았습니다. 아내는 얼마 지나지 않아 문을 확 열었습니다. 모모가 또봄이 울음소리를 듣고 놀기를 멈추었기 때문이라고 합니다. 문이 열리자 또봄이는 위풍당당하게 안으로 들어가서 먼저 현장 점검을 했습니다. 모모는 약간 당황한 듯 뒤로 주춤주춤 물러났습니다. 이윽고 또봄이는 고양이 낚싯대를 입에 물고서 아내 앞으로 다가갔죠. 또봄이가 너무나 당당하게 놀아줄 것을 요구하자 아내도 어쩔 수 없이 또봄이를 향해 낚싯대를 흔들기 시작했습니다.

또봄이는 매사 그런 식입니다. 아내가 모모와 낮잠을 자러 가면, 자기도 따라가서 아내의 다리 사이에서 잠을 잡니다. 또봄이가 아내를 엄마로 대하기 시작한 건 아주 최근의 일입니다. 그전에는 집사와 주인님 정도의 관계였다고나 할까요? 늘 일정한 거리를 둔 채 필요시에만 자신의 욕구를 알렸는데 또봄이는 자신을 표현하는 것에 늘 당당했습니다. 마치 막내의 권리라도 되는 양 말이지요. 그때마다 아내는 종종 "또봄이, 좀 4차원인 것 같아"라고 말하면서 배시시 웃었습니다. 제가 보기에는 4차원을 넘어서 무한 차원까지 나아간 것 같은데 말이지요.

또봄이는 2018년 여름, 저희 연구실 옆집 지붕 위에서 구조되었습니다. 비쩍 마르고 비실한 모습으로 죽은 형제의 곁을 지키며 서글프게 우는 걸 아내가 지붕 위에 올라가서 데려오려다가 호되게 손가락을 물렸지요. 아내는 병원 응급실에 가서 파상풍 주사를 맞고 돌아오는 길에 마음을 독하게 먹었다고 합니다. '다시는 그 녀석을 도울 생각을 안 하겠다'고 말이지요. 하지만 자꾸 그쪽으로 눈길이 가는 걸 어쩔 수 없었던 모양입니다.

그러던 어느 날, 자신도 모르게 슬그머니 창문 밖을 보고 있는데, 또봄이가 완전히 축 늘어진 채 움직이지 않더랍니다. 깜짝 놀라 뛰어나가서 또봄이를 구조해 당장 동물병원으로 데려갔습니다. 녀석의 한쪽 눈은 심하게 부어올라 있었고, 물을 먹지 못해서 탈수가 심했습니다. 지난여름에 모모를 구조하면서 온갖 고생을 했던 터라 선뜻 마음을 내기가 어려웠지만 모모를 살리면서 느꼈던 그 마음 또한 익히 아는지라 오래 고민하지 않고 용기를 내어서 또봄이를 구조할 수 있었습니다.

또봄이는 안구 적출 수술을 받고 한 달 간의 격리 생활 끝에 저희 연구실로 들어와 다른 고양이들과 인사를 하게 되었습니다. 처음에는 거부감을 표현하던 고양이들도 시간이 지나자 점점 또봄이를 받아들이기 시작했습니다. 특히 모모가 또봄이를 자꾸 핥아주고 부비고 돌봐주면서 친근감을 보였습니다. 사실 모모와 또봄이는 한 살 터울 친남매입니다. 옆집 지붕 위에 보금자리를 마련한 고양이들에게 저희 부부는 스피노자, 마르크스, 라이히, 들뢰즈, 가타리 등 철학자 이름을 붙여주고는 가끔 밥을 주곤 했었습니다. 모모와 또봄이는, 그중 들뢰즈라는 길냥이에게서 태어난 오빠 동생 사이입니다. 무척 어렸을 때 떨어져 살았기 때문에 자기들이 남매라는 사실을 전혀 모를 텐데 이상하게도 모모는 또봄이를 마치 자기 아이처럼, 동생처럼 돌보았습니다. 그래서 저희들은 그동안 또봄이에 대해서 거의 신경을 쓰지 않다시피 했습니다. 그런데 그사이 집사들보다 고양이들과 더 친밀해진 또봄이가 어쩐지 4차원 고양이가 된 것입니다. 저희보다 모모의 말을 더 잘 듣는 아이가 된 것이지요.

모모와 또봄이 사이에 팀워크가 형성되자 다른 고양이들에게는 수난의 시절이 열렸습니다. 달공이는 전용 좌석이던 소파를 뺏기고 저희에게 달려와 몇 번을 울었는지 모릅니다. 더 큰 문제는 대심이였는데, 열두 살이나 된 대심이로서는 이렇게 집단으로 몰리는 경험이 힘들었을 것입니다. 오늘도 4차원 고양이 또봄이는 모모가 왜 그러는지 잘 모르면서도 모모와 함께 묘르신 대심이를 몰고 다닙니다.

변화무쌍한 표현의 자율성

또봄이(를 비롯해 동물들)의 표현방식을 살펴보면 '이거다'라고 직설적으로 표현하는 것이 아니라 비스듬하게 '이거 했으면 좋겠는데'라고 표현합니다. 이를테면 '놀아줘'라고 본질을 적시하며 말하는 것이 아니라 몸을 비비 꼬거나, 제 다리에 머리를 부비거나, 앞발로 탁탁 치거나, 제 발걸음을 제치고 후다닥 먼저 달려가거나, 물끄러미 바라보거나 하는 등의 다양한 표현양상으로 자신의 요구 사항을 드러내 보이는 것이지요.

1차원의 의미화 논법이 아닌 4차원의 표현 논법을 통해서 자신이 말하고자 하는 내용을 전달하는 것입니다. 간혹 그렇지 않을 때도 있긴 하지요. '놀아줘'를 다양한 간접화법으로 표현해도 집사들이 도통 듣지 않을 때, 즉각 "앵앵앵" 하면서 달려 나가 고양이 장난감을 입에 물고 등장할 때가 바로 그런 순간입니다. 그러면 저희 부부는 웃음을 터뜨리곤 합니다.

펠릭스 가타리는 《분자혁명》에서 "의미는 권력"이라고 말합니다. 다시 말해 정의 내리고, 사회자 역할을 하고, 정리하려고 하는 자를 조심하라는 얘기입니다. 의미화의 논법은 '의미화 하는 것'으로서의

기표 ⟷ 기의

의미화 하는 것 ⟷ 의미화 된 것

정의 ⟷ 근거

'의미는 곧 권력이다.'

기표(signifiant)와 '의미화 된 것'으로서의 기의(signifié)로 구성됩니다. 정의(definition)와 근거(ground)로 구분되는 것이 의미화의 논법입니다. 전문가들은 '무엇은 무엇이다'라고 단정하고, 정의하고, 규정하면서 자신이 대답을 갖고 있다고 자임합니다. 의미화를 하면 뭔가 우쭐해지고, 단정할 수 있는 권력이 생긴 것만 같고, 문제 해결의 열쇠를 자기가 쥔 것만 같습니다. 그렇게 "그건 이런 거야"라고 한마디로 단언하여 해결될 문제가 있다면 얼마나 좋을까요? 그러나 세상에 그런 경우는 흔하지 않습니다.

현실에는 다양한 상관관계와 인과관계가 함께 공존합니다. 현실은 복잡계입니다. 하나의 인과관계로 모든 것이 해결되는 법은 없습니다. 원인과 결과의 인과관계 곁에 다양한 간섭 요인인 상관관계가 들러붙어 있습니다. 현실은 다양한 문제 설정이 어우러져 있고, 다양한 원인과 결과의 선과 흐름이 교차하는 공간입니다. 그래서 하나의 문제 설정에 하나의 대답이 딱 정해져 있는 것이 아니라, 대답이 없을 수도, 여러 대답이 있을 수도, 모두가 대답일 수도 있는 것이 복잡계의 현실입니다. '~은 ~이다'라고 단정함으로써 자신이 문제를 해결할 수 있다고 여기는 전문가들의 오만과 자만의 경우와는 딴판인 셈이지요. 설령 어떤 단정이 맞았다고 하더라도, 그것은 여러 개의 가능성 중 하나가 유효성을 가진 것에 불과합니다.

표현의 논법은 이와 상이합니다. 또봄이가 자신이 원하는 한 가지를 위해 몸을 배배 꼬고, 앞발로 탁탁 치고, 앵앵거리는 등 여러 행동을 보여도 전하고자 하는 내용은 전달이 됩니다. 즉, 다양한 표현이 이루어질 수 있다는 점에서 하나의 대답만이 있는 것은 아니라는 얘기입니다. 그러므로 또봄이에게 "그래서 뭐라고 하는 건데?"라고 다그치는 것은 적당하지 않습니다. "응, 네가 원하는 게 뭔지 나는 알 것 같아"라고 하면서 표현양상의 흐름에 따라 행동하는 것이 적당하지요.

또봄이의 표현이 놀이에 집중되는 것만은 아닙니다. 사료가 떨어지거나 주전자의 물이 끓고 있거나 잠이 와서 짜증이 나거나 모모가 놀아주지 않아서 투덜거릴 때, 표현양상은 미묘하게 변화합니다. 이런 표현양상, 즉 표현되는 스타일(style)의 변화를 미묘하게 알아채려면 집사의 노력이 필요하지요. 그런데 그 스타일이 묘하게 다른 스타일로 넘어가기도 합니다. 아까는 잠이 와서 짜증이 난다고 하다가 짜증 그 자체가 주가 되어서 결국 잠을 못 자게 되는 경우가 그것입니다. 짜증이라는 스타일 자체가 마치 살아 움직이듯, 분쟁이나 다툼, 경쟁 등으로 이행해버리는 경우라고 할 수 있습니다. 이처럼 다양한 표현양상은 꼭 문제 해결로 향하는 것이 아니라, 또 다른 표현양상을 낳거나 이행하고 또 전혀 다른 해법으로 향하는 경우가 참 많습니다.

펠릭스 가타리는《기계적 무의식》에서 수컷 방울새들이 암컷 방울새들에게 둥지를 지으라고 풀잎을 주던 행위가 자율성을 갖게 되어서 구애를 할 때에도 풀잎을 주는, 풀잎봉납의 행위를 언급하면서 '스타일의 자율성'에 대해서 말합니다. 표현양상, 즉 스타일이 스스로 살아 움직여서 다른 내용성을 갖는 과정으로 이행함을 저는 고양이들의 삶을 관찰하면서 새삼 깨닫습니다. 이를테면 또봄이가 대심이를 몰고 다니다가 몰고 다니는 행위 자체에 흥분해서 놀이로 이행해버리는 것처럼 말이지요.

의미화를 넘어서 표현양상으로

생명을 이해하기 위해서는 기표와 기의라는 구도가 아닌, 표현과 내용의 구도로 봐야 할 것입니다. 어떤 아이가 "빨갛고 매운 음식이 있어요"라고 하면 대부분 사람들은 그 내용을 이해합니다. 만일 "그걸 뭐라고 하지?"라고 물었을 때 아이가 "뜨뽀기, 또보기"라고 해도 대부분 그 표현을 통해 사람들은 아이의 말뜻을 이해합니다. 이처럼 아이와 생명은 다양한 표현양상을 통해서 자신이 전하고자 하는 의미를 전달하는 경우가 많습니다. 전후좌우의 맥락과 아이들의 스타일 등을 종합하여 아이가 전하고자 하는 바를 이해하는 부모들은 접신의 경지에 올라가 있다고 할 수 있겠지요. 그런 점에서 표현양상, 즉 스타일을 살피는 것은 배치와 관계망을 살피는 것만큼이나 매우 중요한 일입니다.

또봄이는 저희에게 무언의 메시지를 던지면서 끊임없이 교신을 시도합니다. '이것은 뭐다'라고 딱 잘라 말하지는 않지만, '이러면 어떨까'라고 청유하듯 표현하는 것이 참 부드럽습니다. 엄청난 상냥함이 그 표현양상에 깃들어 있는 셈입니다. 또봄이는 '내가 원하는 것을 A로 표현해볼게' 하면서 꼬리를 흔들고 부빕니다. 만일 집사가 무심하게 있다면 '그럼 내가 원하는 것을 이번에는 B로 표현해볼게'라고 이행합니다. 그래도 무심하면 'C는 어떨까?' 하며 끊임없이 모습을 바꾸면서 표현합니다. 포기하거나 쉽게 만족하는 법은 없습니다. 끊임없는 과정형과 진행형이 있을 뿐입니다. '안 되면 되게 하라'가 아니라, '될 때까지 나는 늘 되게 할 것이다'가 있을 뿐입니다.

생명은 목적의식에 따라 행동하지 않습니다. 어떤 목적을 달성하기 위해서 수단과 도구를 동원하는 경우는 흔치 않지요. 또봄이의 경우, 놀이가 삶의 목적이라고 생각한다면 오산입니다. 또봄이에게 놀이는 삶을 재미있게 만드는 양념이자 활력소에 불과합니다. 그저 신이 나서 그럴 뿐입니다. 목적의식에 따라 움직이는 인간만큼 고정관념으로서의 기표가 작동하는 경우가 있을까요?

목적에 따라 '~은 ~이다'라는 결과를 내기 위해서 질주하다 보면 생명과 자연은 수단이자 도구가 됩니다. 그러나 생명과 자연은 도구가 아니라, 우리가 돌아가야 할 곳입니다. 생명과 자연이 가진 다채로운 표현양상에는 목적이나 효율성, 경쟁 등이 기입되어 있지 않습니다. 그저 삶의 여정이 갖고 있는 다채로운 면모들이 아로새겨져 있을 뿐입니다. 생명은 돈을 벌려고 하지 않습니다. 생명은 정복하려고 하지 않습니다. 생명은 단정하지 않습니다. 생명은 표현양상을 달리하며 생명력과 활력, 에너지를 발휘하면서 삶 자체를 나아가게 할 뿐입니다.

한때 저는 생명의 마음이 무엇일까 궁금해서 검색도 해보고, 문헌을 찾기도 했습니다. 그러나 '생명의 마음이 무엇이다'라고 규정한 전문가들은 거의 없더군요. 생명의 마음은 미지의 영역에 있습니다. 다만 짐작해보건대 인간의 고정관념에 따르는 마음은 아닐 것 같습니다. 생명의 마음이 지닌 풍부함과 다양성은 다양한 행위양식과 표현양상을 통해서 드러납니다. 정말 풍부하고 다양해서 어떤 고정된 점을 두고 "이런 것 아니겠어"라고 빤하게 볼 여지는 거의 없습니다.

이를테면 고양이가 갖고 있는 취각행동, 먹이행동, 구애행동, 무리행동, 영토행동 등의 다채로운 행동은 다양한 표현양상으로 드러납니다. 그것은 하나로 고정된 행동으로 나타나기보다는 각각의 고양이에 따라 혹은 집사와의 관계에 따라 달리 해석되고 응용되어서 다 다르게 표현됩니다. 저희 부부는 또봄이의 마음에 대한 관심을 '또봄이는 사차원 고양이다'라고 규정하면서 어떤 해답이나 정답이 없는 상태인 공백으로 남겨 두었습니다. 또봄이를 의미화 하지 않은 것이지요. 저 역시 또봄이에게 '어떤 사람'이라는 기능과 역할, 직분 등이 없을 것입니다. 그저 곁에 있어서 힘이 되고, 주변에 있어서 마음에 드는 사람이지 않을까 하는 정도로 규정해볼 뿐이지요. 그러나 그 역시도 정확한 규정일 수 없고 늘 변화합니다.

또봄이의 다채로운 표현양상은 보는 이로 하여금 많은 상상력을 자극합니다. 몸짓, 음향, 손짓, 발짓, 냄새, 표정 등으로 자신을 표현하는 모습을 보고 있으면 이 표현양상이 인간들의 의미화 논법보다 훨씬 다양하고 풍부하다는 사실을 깨닫게 됩니다. 이것이 비단 고양이만의 특징일까요? 자연과 생명, 바람과 물의 흐름이 보여주는 다양성, 생명이 보여주는 다채로움, 산과 바다가 보여주는 풍부함…, 무릇 생명과 자연은 자신을 다채롭게 표현합니다.

그러나 산업 문명은 이러한 자연과 생명을 그저 자원(resource)이나 소재(matter)로 삼아 왔습니다. 소재적인 측면에서 자연과 생명을 도구나 수단으로 활용할 생각에 전념했지, 그 자체가 보여주는 다양한 표현양상의 영성적이고 미학적인 차원에 대해서는 생각하지 못한 것이지요. 이런 흐름 한 켠에서 자연과 생명을 존중하고 보호하는 문화가 유지되고 지속되어 왔던 것은 귀중한 인류의 자산입니다. 작은 인형 곁에서 새록새록 또봄이가 잠자고 있는 오후입니다. 아마 또봄이는 곧 일어나서 색다른 모험에 들어갈 겁니다. 자신을 표현하는 데 주저하지 않을 것입니다.

Lesson 12

우리가 회복해야 하는 욕망의 진면목

•

야성성

야성성은 본래 중앙 집중식으로 모이는 이익과 이해관계의 군중되기가 아닌 성향과 열망이 맞아 수평적으로 모이는 욕망의 무리 짓기의 특징이 보여주는 자율성이자 외부를 개척하는 능력을 의미합니다. 그러나 문명의 외부로서의 자연, 생명, 제 3세계의 영토가 사라진 지금, 야성성은 외부에 있는 것이 아니라 내부의 외부인 욕망 자체에 서식하고 숨 쉬고 있다고 할 수 있습니다. '야성성=외부=자율성' 신화의 종말은 동물 되기의 배치를 바꾸는 계기가 되었습니다. 이제 동물 되기는 욕망 해방, 정동 해방을 통해서 전환사회로 나아가는 생명 에너지이자 활력으로 간주됩니다. 이번 수업에서는 동물들의 무리 짓기가 만든 야성성의 영토 개척에 대해 이야기해보겠습니다.

"이 녀석들, 대심이 언니한테 이게 뭐 하는 짓이야!"

모모와 또봄이가 대심이를 심각하게 몰아대고 있으면, 저는 두 녀석과 대심이를 떼어놓으면서 화를 내곤 합니다. 그러나 잠시 주춤하던 둘은 아랑곳하지 않고 다시 한 팀이 되어 대심이를 몰아가지요. 그러면 대심이는 당황하다가, 화를 내고 쉭쉭거리면서 자리를 뜹니다. 사실 무서워서 피한 게 아니라 더러워서 피한다는 눈치였지요.

모모와 또봄이가 한 팀이 된 이후로, 연구실은 사파리나 동물의 왕국처럼 바뀌었습니다. 둘이 어찌나 사냥 놀이, 쫓기 놀이, 술래잡기 등에 전념하는지 고요했던 연구실은 요즘 온통 아수라장입니다. 모모와 또봄이는 자신이 넘쳤고, 엄청난 모험에 뛰어들 용기를 갖고 있는 듯했습니다. 저는 도대체 그 열정과 과감함이 어디에서 나왔는지 궁금했습니다. 자세히 관찰해보니 모모의 든든한 지지대는 또봄이였고, 또봄이의 든든한 지지대는 모모였습니다. 둘은 서로에게 의지하면서 무리를 이룬 것이었지요.

앞에서도 말씀 드렸지만 또봄이가 한쪽 눈 적출 수술을 받고 연구실에 들어왔을 때, 모모는 아기 또봄이를 연신 핥아주고, 품어 재우고, 늘 체온을 유지시켜주는 역할을 했습니다. 모모의 극진한 간호로 인해 또봄이는 건강한 고양이가 될 수 있었습니다. 문제는 또봄이가 모모의 손에 자라면서 집사들에 대한 관심이 거의 없어졌다는 점입니다. 제 아내를 엄마로 알고 있는 모모 역시 최근에는 엄마보다 또봄이와 함께 노는 것을 더 재미있어 하는 눈치였습니다. 그리고 이야기는 둘이 패거리가 되는 방향으로 전개됩니다. 그러다가 급기야 집사에게 야단맞는 상황까지 초래된 것이지요. 마치 어두운 밤거리를 걸을 때 친구들과 패를 지어 걸어가면 자기도 모르게 길 가는 사람의 어깨를 툭 쳐도 무섭지 않은 용기가 생기는 것과 같은 패거리 의식이 이 두 고양이에게 생긴 모양이었습니다.

사실 또봄이가 들어오기 전 모모는 멍하니 먼 산을 바라보거나 축 늘어져 있거나 따분한 듯 놀이 시간에도 별로 활력이 없었습니다. 그런데 둘이 무리를 지음으로써 야성성이 발전하게 된 것이지요. 둘은 서로에게 힘과 용기가 되어주고, 서로에게 놀이 상대가 되어주면서 관계를 성숙시킨 것 같습니다. 그런 모모와 또봄이 패거리를 진정시키느라 진땀을 빼는 것은 제 몫이 되어버렸지요. 이 두 고양이에게는 인간 사회와 평화롭게 공존하고 적응하는 절차는 중요하지 않은 일이 되어버린 듯합니다. 대신 대부분의 시간에 패거리의 영토를 어떻게 다스릴 것인가에 집중하는 것만 같았습니다. 두 고양이의 팀워크는 이제 최절정에 이르러서 모는 자와 망보는 자 혹은 척후대와 분견대처럼 역할을 분담하기에 이르렀습니다.

동물에 대한 사랑, 야성성에 대한 사랑

들뢰즈와 가타리는《천 개의 고원》에서 '동물 되기'라는 색다른 개념을 선보입니다. 여기에서 동물은 야성성을 가진 존재이자 야성적 욕망을 가진 무리라고도 할 수 있습니다. 들뢰즈와 가타리는 야성성 개념을 설명하기 위해 문명의 방식대로 조직된 '군중'과 집단적 욕망에 의해 조직된 '무리'를 구분합니다. 이를테면 군중은 중앙 집중식으로 조직되었다면, 무리는 흥미나 취미 등에 따라 모여든 존재들이라고 할 수 있습니다. 이에 따르면 또봄이와 모모 패거리는 군중이 아닌 무리라고도 할 수 있겠지요.

동물 되기는 우리 내부의 사랑과 욕망이 문명의 부드러운 규율 앞에서 통제되는 방향성이 아니라, 색다른 영토와 무리를 개척하는 야성성의 방향으로 향해야 함을 가리키는 개념입니다. 야생의 사랑, 그것은 황무지, 벌판, 미지의 영토로 향하고자 하는 사랑과 욕망의 흐름입니다. 동물 되기는 사랑할수록 거침없는 야생의 힘을 갖기 때문에 기존의 부드러운 가족 드라마와는 관련이 없습니다. 황야를 바라보는 사랑은 월담하고, 횡단하고, 도주하여 새로운 영토를 개척하고자 하는 색다른 모험과 도전이라고도 할 수 있습니다. 어릴 적 허락되지 않은 사랑 때문에 커플이 월담을 해서 야반도주했다는 얘기를 들었던 적이 있습니다. 지금 생각하면 얼마나 강렬한 사랑과 욕망의 야성성이 그들에게 있었는가 하는 생각도 듭니다.

동물 되기라는 개념을 들여다보면, 자연과 생명 속에 문명의 손길이 닿지 않는 미지의 야생적인 영역이 있다는 생각도 듭니다. 근대 이전까지만 해도 자연과 생명은 문명을 압도하는 외부라고 부를 수 있었습니다. 그러나 근대 문명은 자연과 생명뿐 아니라 아이, 동물,

장애인, 광인 등의 야성성을 규율하고 통제하는 방향으로 향했습니다. 아이들은 학교에서 규율됩니다. 동물들은 공장식 축사와 동물원에서 규율됩니다. 장애인들은 시설에 가두어집니다. 광인은 정신병원에 유폐됩니다. 그런 상황에서 욕망과 야성성은 철저히 무력화 되고 부드럽게 통제되고 조절되어야 할 대상으로 여겨졌지요. 저 역시 모모와 또봄이가 야성적인 패거리가 되자, '어떻게 이 둘을 떼어놓고 집사 말을 잘 듣는 얌전한 고양이로 만들지' 생각하는 순간을 경험했습니다. 근대 문명의 기획과 유사한 지평에 놓인 생각이라고 할 수 있겠지요.

동물 되기에서 되기(becoming)는 과정적이고 진행형적인 사랑과 변용의 개념입니다. 되기는 이기(being)처럼 직분, 역할, 기능으로 고정된 것이 아니라, 흐름이자 과정입니다. 동물 되기는 야성적인 존재로 변모하는 욕망의 과정이라고도 할 수 있겠지요. 동물 되기는 토테미즘과 같은 원시적이고 상징적인 설정과는 다릅니다. 동물 되기는 동물을 흉내 내지 않습니다. 원시적 설정의 동물로 퇴행하는 것도 아닙니다. 오히려 동물처럼 야생적인 존재, 용기를 가지고 도전과 모험을 하는 존재로 재탄생하는 것입니다. 사랑과 욕망이 문명의 규칙에 따르지 않고 외부를 향해 탈주할 때, 그 사랑과 욕망은 미쳐버린 것이나 비도덕적인 것으로 간주되기 쉽습니다. 그러나 사랑과 욕망 자체는 늘 문명의 외부로 향할 수 있는 내재적인 잠재력을 가진 우리 안의 능력입니다. 그것은 가족주의와 같이 부드럽게 규율된 수준에서 크게 벗어나 있습니다.

사실 모모와 또봄이가 야성적인 존재로 재탄생한 것은 둘이 너무

동물 되기

॥

야성적 존재로 변모하는 욕망의 과정
도전, 모험, 용기를 가진 존재로 재탄생
미지의 영역으로 향하는 용기

사랑해버린 탓은 아닐까 싶습니다. 그들 내부에 있는 야생의 힘을 깨달을 정도로 서로에 대한 사랑과 욕망의 크기를 키워버린 것이지요. 둘이 노는 모습을 관찰하면 그 사실을 알 수 있습니다. 또봄이가 쫓기 놀이를 시작하면, 모모는 사냥감이 된 듯 숨고 낑낑거리며 가만히 있습니다. 그러면 또봄이가 "와앙" 하며 모모를 붙잡지요. 이윽고 모모는 화들짝 놀라 이번에는 자신이 쫓는 입장으로 역할을 바꿉니다. 이런 놀이는 일종의 사냥 연습이라고 할 수 있는데, 서로 이런 역할을 반복하다 보니 야생의 욕망이 되살아난 듯합니다. 그 둘의 욕망은 새로운 사냥감인 대심이에게로 향하는 것이고요.

모모와 또봄이는 둘이 함께 가졌던 집단적 욕망 앞에서 야성성을 가진 존재가 됩니다. 둘은 문명의 외부를 비롯해 자신 안에 있는 내부의 외부인 욕망에 접속했습니다. 둘은 이제 사슴을 쫓는 치타처럼 날쌔게 대심이를 몰고 쫓기를 반복합니다. 연구실은 초원이 되고, 바다가 되고, 대지가 됩니다. 이제 무서울 것은 없습니다. 두려울 것도 없습니다. 모모와 또봄이는 둘만의 욕망 속에서 야생의 사자 같은 고양잇과 동물의 본능을 그대로 보여줍니다.

처음에는 이를 어떻게 통제할까 싶었습니다만 적응이 되니까 그렇게 보고 있기가 힘든 상황만은 아니었습니다. 모모와 또봄이는 한 시간 정도 놀이와 몰아대기에 전념하다가 스르르 잠에 들기 때문입니다. 조금 참으면 되는 문제였습니다. 그래서 언젠가부터 고양이들이 우루루 몰려다니면 '참 재미있겠네' 하면서 별 간섭을 하지 않는 편이 되었습니다. 아이들은 아이들이니까요. 고양이들은 우다다 달려가면서 마차가 되고, 기차가 되고, 자동차가 되고, 심지어 비행기도 됩니다. 마음을 바꾸고 나니 그런 아이들의 활발함이 오히려 좋더군요. 야성성은 활력과 생명 에너지로 가득 찬 것이니까요.

외부의 소멸과 야성성

지구의 생태적 한계는 분명해졌습니다. 이제 인류는 우주로 도망가지 않는 이상, 유한한 자원, 좁아진 지역들, 한계가 있는 생명에 기반해 생활해야 할 것입니다. 그런 까닭에 '외부=야성성=자율성'의 여지로 보는 시각은 문제에 봉착하게 되었습니다. 이미 외부가 소멸되었기 때문입니다. 이를 두고 '외부효과(external effect)의 소멸'이라고 부릅니다. 생태경제학자 자코모 달리사(Giacomo D'Alisa)의 《탈성장 개념어 사전》(강이현 옮김, 그물코, 2018)의 내용은 이에 대한 영감을 줍니다. 기업들은 이제 자신의 성장을 위해 제3세계, 자연, 생명에게 폐기물을 떠넘길 여지가 거의 없어졌습니다. 이제 개발 이익보다 생태 복원 비용이 더 드는 상황이 도래했습니다. 그런 점에서 생명과 자연은 문명의 내부로 들어와 어떻게 보호하고, 양육하고, 보호할 것인가의 문제가 되었습니다.

만약 외부성이 있다면 그것은 우리 안에 있는 자연과 생명의 능력인 욕망과 정동, 사랑의 능력일 것입니다. 외부에서 내부로 시각의 초점을 이동하는 것은 거대한 패러다임의 전환이며, 산업 문명이 갖고 있는 외부성의 신화와 단절함을 의미합니다. 외부성의 신화는 자연주의와도 상통합니다. 우리는 자연주의와 생태주의를 구분하지 못하는 경우가 많습니다. 그러나 자연주의의 발상처럼 몸에 털이 자라듯 저절로 잘 자라고, 알아서 치유되고, 자기 스스로 살아남는 자연과 생명은 어디에도 없습니다. 보호하고 돌보는 구체적인 제도와 시스템이 없다면, 생명과 자연은 황무지가 되어버립니다. 외부의 소멸은 생태적 한계와 동의어입니다. 산업 문명이 무한한 진보를 약속했던 것은 허구임이 만천하에 드러났습니다.

특히 동물의 경우, 동물원, 공장식 축사, 실험실 등에서 바들바들 떨며 열악한 한계 상황 속에서 살아가고 있는 실정입니다. 야생동물조차도 야생동물 보호구역이나 자연 보호구역을 겨우 자신의 서식지로 삼아 살아가는 중입니다. 그런 상황에서는 야생동물을 실례로 들면서 야성성의 신화가 여전히 지속되고 있다는 증거로 삼는 것도 기각됩니다. 동물 되기는 자율적인 행동양식으로 향하기 위한 하나의 가능성이자 잠재성일 뿐, '동물은 곧 야성적인 존재'라고 고정하여 말할 수 있는 것은 아니라는 얘기입니다. 안타깝지만 야생적이고 자율적인 동물의 신화는 지금까지 끊임없이 식민화 되고 포획된 영역이었습니다.

그런 점에서 들뢰즈와 가타리의 동물 되기는 야성성을 우리 안에서 어떻게 고무시키고 촉진시켜 자율성의 원동력으로 만들 것인지 고민하는 프로그램으로서의 의미만 가질 뿐입니다.

오히려 동물 되기는 집단적 욕망, 즉 무리 내의 욕망에 대한 이야기 구조라고 할 수 있습니다. 동물은 혼자 외롭게 집을 지키는 반려동물이 아니라, 무리를 이루어 자기 욕망의 방향성을 더욱 야생적으로 만들 수 있는 잠재력을 가진 존재입니다. 그런 점에서 무리 짓기를 하려는 욕망은 우리 안에 내재된 생명과 자연의 능력이라고 할 수 있겠지요.

너무 일찍 외부의 소멸이 찾아온 것은 아닌가 싶기도 합니다만, 산업 문명은 생명과 자연이 버틸 수 있는 생태적 한계를 훌쩍 넘어 초과 잉여분을 요구하고 있는 상황입니다. 기후 위기와 생태계 위기는 이제 즉각적으로 체감할 수 있는 현실이 되었습니다. 생명은 유한합니다. 자연은 한계가 명백합니다. 그것을 약탈하고, 추출하고, 채굴하는 산업 문명은 자연과 생명의 한계가 무한할 것이라고 믿은 근대성에 기반을 둔 행동양식을 보여줍니다. 그렇다면 그 근대성의 뿌리는 어디로부터 온 것일까요? 그것의 사상적 함의는 무엇일까요?

도구적 이성과 동물 되기

프랑크푸르트학파의 수장인 막스 호르크하이머(Max Horkheimer)는 당대에 발호한 나치즘의 원인을 추적한 바 있습니다. 그 결과 놀랍게도 생명과 자연을 도구화 하는 도구적 이성의 문명이 파시즘의 토대임을 밝힙니다. 《도구적 이성 비판》에 따르면 근대성의 뿌리로 지목된 도구적 이성은 생명과 자연을 도구, 수단, 자원으로 보고, 목적합리성에 따라 가공하고, 추출하고, 채굴하는 등의 행위를 해왔던 문명을 직조한 지배적인 이성이었습니다. 즉, 생명과 자연과 평화롭게 공존한 것이 아니라, 인간의 쓸모와 용도, 쓰임새에 따라 분류하고 이를 철저히 자원으로 이용해 왔던 것입니다.

그러나 생명을 도구화 하면, 결국 그것은 도미노처럼 생명과 신체로 연결된 인간도 도구화 하는 방향으로 향합니다. 노동자를 착취하고, 소수자를 차별하고, 이주민을 혐오하고, 장애인을 분리시키는 등 인간을 도구화 하는 행동양식으로 전개되는 것이지요. 생명과 자연의 도구화는 근대성에 기반을 둔 산업 문명의 핵심적인 작동방식이라고 할 수 있으며, 이러한 도구적 이성은 급기야 증오, 차별, 폭력으로 인간을 대하는 파시즘을 배태한 것입니다.

파시즘은 우리 안의 생명과 자연의 능력인 욕망을 고무시켜, 되려 욕망 억압의 방향성으로 향합니다. "피할 수 없다면 즐겨라!"라는 말이 여기에 해당하겠지요. 이에 따라 도취, 황홀경, 열정의 투사, 피, 남성, 위대한 민족 등의 모습으로 욕망이 투여되어 억압과 예속을 찬양하고 욕망하게 됩니다. 그러나 파시즘은 도구적 이성에 복무하기 위해 욕망을 동원하는 양상일 뿐, 도구적 이성으로부터 해방된 욕망으로 향하지 않습니다. 즉 '예속을 욕망하게끔 하는 것'이 파시즘의 가장 중요한 콘셉트입니다. 도구적 이성의 바탕 위에 서 있는 한 근대성과 파시즘은 극복될 수 없습니다. 인류는 도구적 이성에 입각한 문명을 전환사회로 바꾸지 않고서는 사회 내부에서 암적으로 증식하는 파시즘의 도전을 끊임없이 받을 수밖에 없는 상황에 놓인 것입니다.

전환사회는 우리의 라이프 스타일 전반에 변화를 촉매하는 삶의 양식입니다. 다시 말해 자동차 문명에서 자전거 문명으로, 육식 문명에서 채식 문명으로, 관행농 문명에서 유기농 문명으로, 욕망 억압에서 욕망 해방으로의 전환을 추구하는 사회상입니다.

여기에서 우리는 들뢰즈와 가타리의 동물 되기라는 도구적 이성의 정반대편에 놓인 개념을 들여다봐야 합니다. 파시즘의 해독제가 동물되기에 있음을 직시하는 것이지요. 실험실에서 바들바들 떠는 동물, 동물원 우리에 갇혀 미쳐버린 동물, 공장식 축사에서 겨우 목숨만 유지하는 동물들이 아닌, 우리 안에 내재된 생명의 능력을 고무시켜 생명과의 평화로운 공존으로 향하는 동물 되기 말입니다. 우리의 욕망 자체가 가진 해방적이고 야성적인 면모를 잘 살려내는 것이야말로 해방된 전환사회로 향할 수 있는 첩경인 것이지요.

전환사회와 고양이 되기

근대는 생명과 자연을 도구화 함으로써 풍요를 약속했습니다. 그렇다고 해서 전환사회가 금욕적이고, 결핍되고, 부족한 삶만을 의미하는 것은 아닙니다. 오히려 산업 문명과 다른 의미에서 풍요의 시대가 되리라 생각됩니다. 욕망과 활력이 최대치가 된 욕망 해방의 사회가 될 것이기 때문입니다. 욕망은 우리 안에 존재하는 자연과 생명의 능력이며, 생명 에너지이자 활력입니다. 전환사회는 활력이 우선하고 그다음 자원이 뒤따르는 형태로 자원이 활력을 만들던 산업 문명과 차이를 보일 것입니다. 그리고 활력을 어떻게 만들 것인가의 비밀은 바로 동물 되기의 질문이 품고 있습니다. 우리 안에 잠재된 욕망의 최대치가 바로 활력의 최대치일 것이기 때문입니다. 욕망은 야만적이고, 게걸스럽고, 결핍되어 있고, 갈애에 목마른 것이 아닙니다. 욕망은 함께 살아가기 위하여 조화와 협동을 이루고 활력을 자기 조절하는 능력입니다.

그런 점에서 야성성이 거칠고, 둔탁하고, 아무런 협동과 조화가 이루어지지 않은 상태라고 보는 기성세대의 관점은 기각됩니다. 야성성은 오히려 모모와 또봄이처럼 서로 너무 사랑하고, 욕망에 충실하기 때문에 얻게 되는 힘이라는 생각이 듭니다. 달콤한 문명에 길들여져서 심리치료, 정신분석, 힐링, 웰빙 등으로 자신의 삶을 설계하는 것은 무망한 일입니다. 그 대신 생명 위기 시대, 기후 위기와 생태계 위기가 전면화 된 이 시점에서 자신 안에 꿈틀대는 생명의 능력을 잘 발휘하여 전환사회로 향하는 노력이 필요하다고 여겨집니다.

물론 전환사회는 그리 쉽게 오지 않을 것입니다. 저 역시 자신할 수 없습니다. 때때로 십 년 후 모모와 또봄이가 맞이할 세상이 어떤 것일지 상상할 수도 없을 정도로 밑바닥 감정이 들곤 합니다. 그러나 전환사회의 힌트를 제공해주는 존재들 역시 모모와 또봄이입니다. 어떤 어려운 상황에서도 우리 안에 있는 에너지를 극대화하여 그런 전형화 된 욕망을 뛰어넘는 활력과 생명 에너지를 발휘할 수 있다면, 전환사회라는 색다른 전망은 아주 가까이 다가올 것이라고 기대해봅니다.

흔히 욕망은 '소비-욕망'이나 '권력-욕망'과 같은 양상으로 식별되어 왔습니다. 그러나 야성성을 가진 욕망은 활력, 에너지, 도전, 모험, 의지, 힘, 능력 등으로 간주될 수 있습니다. 우리는 우리 안의 자연과 생명의 능력과 접속하여 놀라운 지평을 열어젖혀야 할 것입니다. 그로부터 눈부시고, 상상치도 못했던 전환사회의 등장도 가능합니다.

동물 되기를 통해서 우리는 야성성으로 향하는 과정형과 진행형으로서의 욕망과 마주할 수 있습니다. 또봄이와 모모를 볼 때마다 생명과의 평화로운 공존이라는 것은 단지 동기와 결론, 이유와 결과가 일치된 편편한 이타성이나 영성적인 것이 아니라, 어느 정도 요철과 굴곡, 주름이 있는 욕망이 아닐까 하는 생각이 듭니다. 늘 착하고 이타적인 영성이 아니라, 이타적이면서도 이기적이고, 협동하면서도 경쟁하고, 착하면서도 악동 같은 면모가 욕망에 있기 때문입니다. 서로 경쟁하면서도 서로에게 동기부여가 되어주는 친구처럼 말입니다.

한 차례 물그릇을 뒤엎으면서 문제 상황을 초래했던 또봄이와 모모는 지금 서로에게 기대어 세상 모르게 자고 있습니다. 그러다가 이따금 눈을 뜨면 서로 핥아주고 서로의 체온을 느끼며 봄날의 정취를 느낍니다. 연구실 한 켠의 난로가 이 둘 사이에 온기를 더해줍니다. 저는 그 옆 책상에서 조용히 동물 되기를 생각하며, 전환사회를 꿈꿉니다.

3부

함께TOGETHER

고양이에게 배운 미래의 희망

Lesson 13

타자의 고통을 내 것으로 여기는 마음

•

유정성

유정성(sentience)은 고통과 같은 감각을 느끼는 능력을 의미하며, 쾌와 불쾌의 형태로 드러납니다. 인간만이 아니라 동물도 유정성을 갖고 있다는 점에서 인간과 동물을 구분 짓지 않고 더불어 함께 볼 수 있는 여지가 생깁니다. 유정성의 의미가 지나치게 고통의 감각에 맞춰져 있기 때문에, 복합 감정이나 사랑, 욕망, 정동 등을 함께 공유하는 과정에 대해서 간과하는 것은 아닌지에 대한 문제 제기도 있습니다. 이번 수업에서는 지구별의 최말단 약자인 동물의 고통에 공감하고 연민을 느끼는 시작점에 유정성이 있음을 이야기할까 합니다.

저희가 출근할 시간이면 모모는 계단 올라오는 소리부터 알아채고는 제일 먼저 달려와 현관 앞에서 반겨줍니다. 모모는 아깽이 시절부터 각별하게 돌봄을 받아온 녀석이라 저희 부부에 대한 애착이 남다릅니다. 구조될 당시, 모모는 겨우 주먹만 한 크기의 아깽이였는데, 아프지 않은 곳을 찾기가 어려울 만큼 총체적인 난관 모드였습니다. 눈의 염증으로 인해 얼굴은 진물과 고름으로 뒤덮여 있었고, 아예 눈을 뜨지 못한 채 오랜 기간을 지냈는지 우리가 발견했을 때에는 이미 안구 위에 분홍색 살이 두툼하게 올라와 있었습니다. 구조된 후에도 한동안 눈먼 고양이로 살다가 다행히 점점 나아져서, 지금은 불투명한 막이 살짝 끼어 있는 정도의 장애만 남았고 다른 고양이들 못지않게 앞을 잘 볼 수 있게 되었지요.

더 큰 문제는 심각한 변비였습니다. 동물병원에서 관장을 연거푸 다섯 번이나 했지만 해결되지 않은 변이 계속 쌓이더니, 결국 대장의 굵기가 점점 늘어나서 바로 위의 척추를 누를 정도가 되었고, 그로 인해 배뇨를 관장하는 척추 신경에 이상이 생기고 말았습니다. 모모는 요의를 감지하지 못해서 방 안에 오줌을 질질 흘리고 다녔습니다. 그런 요실금보다 더 큰 문제는 거대결장이라는 병이었습니다. 그렇게 만성 변비가 굳어지면 평상시에도 늘 아랫배에 힘을 주는 습관이 들게 되고, 그러면 서서히 대장이 항문을 통해 밀려 나와서 나중에는 내장을 땅에 끌며 다니다가 결국 감염으로 죽게 된다는, 정말 참혹한 질병인 거대결장 진단을 받은 것이지요. 작은 생명이 끙끙거리며 모래통 위에서 힘을 주고 있는 모습을 보며 저희 부부는 가슴이 미어졌습니다.

아내는 하루 종일 모모가 격리되어 있는 방에서 쉬지 않고 모모의 아랫배를 문지르고, 따뜻한 물로 관장을 시도하고, 방바닥의 소변을 닦아내고, 눈먼 아기냥이 다치지 않도록 조심스레 놀아주면서 뜨거운 여름을 보냈습니다.

매번 동물병원에 갈 때마다 지불해야 하는 엄청난 병원비는 차치하더라도, 일단 모모가 살 수 있을지가 의문이었습니다. 온갖 민간요법 정보를 읽고 실험하는 등 연구실 전체가 하나의 작은 병원이 되었지요. 그 결과 요실금과 거대결장 문제의 근본적인 원인이 변비에 있음을 간파하였지만, 이것을 해결할 방법은 없었습니다. 그저 동물병원에서의 약물치료와 관장에 기댈 뿐이었습니다. 모모는 나중에는 제대로 놀지도 못한 채 거의 힘없이 쓰러져 있곤 했습니다. 걱정이 많아진 저희 부부의 아침 출근 시간은 점점 빨라졌지만, 막상 모모가 있는 방의 문을 열기가 겁이 났습니다. 혹시나 우리가 없던 지난밤에 어린 것이 목숨줄을 놓지는 않았을까 걱정이 되었던 것이지요. 하지만 방문을 열고 모모의 살아 있음을 확인할 때마다 생명이란 참 질긴 것이구나 절감하곤 했습니다.

한 번은 수의사 선생님께서 "안락사를 해야 하지 않을까요?"라고 조심스럽게 물어 왔습니다. 저희 부부는 "절대 그런 일 없을 겁니다"

라고 단호하게 얘기했습니다. 그러자 수의사 선생님께서 마치 작은 단서와 같이 “호박이 변비에 좋기는 한데, 호박 먹는 고양이가 워낙 드물어서… 어쩌면 그게 도움이 될지도 모르겠네요”라고 말했습니다. 앞에서도 얘기했지만 그 말이 모모와 저희에게 기적을 선사해주었습니다. 그때 저희는 벅찬 환희와 감동을 느꼈습니다. 모모는 건강을 되찾았고, 마음껏 뛰어놀고, 잠도 쿨쿨 잘 잤지요. 물론 거대결장의 공포에서도 해방될 수 있었습니다.

생명은 모두 고통을 느낀다

저희 부부가 모모의 고통에 공감할 수 있는 건 무엇보다도 모모가 아프다는 표현을 분명히 하기 때문입니다. 낑낑거리며 우리에게 다가와서 힘들고 지치고 아프다는 걸 표현하여 저희들을 연민과 공감의 시간으로 이끄는 것이지요.

인지심리학을 공부하는 한 친구는 “동물이 아프다는 걸 안다는 것은 인식론상으로 불가능한 가설이야!”라고 단언하였습니다. 하지만 모모가 아픈 것은 가설이 아니라 현실입니다. 아프다는 표현에 대한 공감이 제 안에서 분명히 일어나니까요. 근대 철학이 품고 있는 인식론의 중요한 가설은 ‘인간이 어떻게 생명과 자연으로부터 독립하여 이를 알 수 있는가?’라는 문제 설정에 가두어져 있습니다. 근대 철학은 인식론, 존재론, 논리학 등을 통해서 미리 전제된 근대적 주체로서의 인간이 어떻게 생명과 자연으로부터 독립되어 앎과 존재와 논

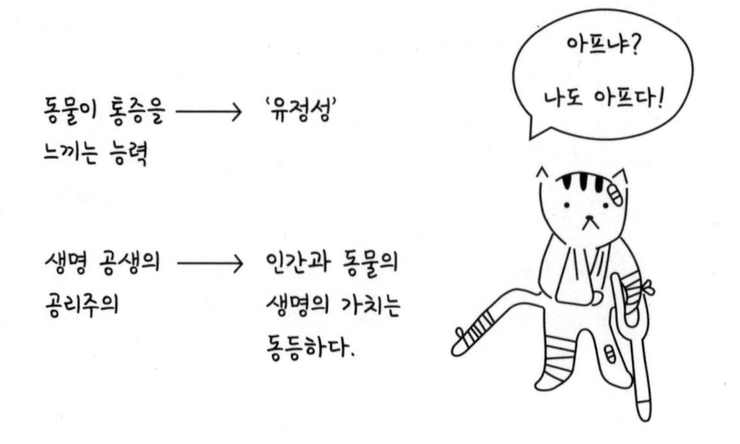

리를 전개할 것인가라는 문제를 제기하는 인간중심주의에 불과합니다. 곰팡이 냄새가 나는 낡은 철학 책을 들이대며, 생명과 자연의 고통을 알 수 없다고 말하는 그 친구의 얘기에 헛웃음이 나올 지경이었습니다. 심지어 "개를 발로 차도 아프다는 걸 모른다니까"라는 발언도 서슴지 않더군요. 인간이 자연과 생명으로부터 분리된다는 것은 서로 연결된 생태계에서 결코 있을 수 없는 이론적 가정에 불과합니다. 이러한 인간중심주의는 오만과 자만으로 가득 찬 근대 철학자들과 아카데미의 주요 기반이 됩니다.

동물윤리학자 피터 싱어는 동물에게도 고통을 느낄 수 있는 능력인 유정성이 있다고 말했습니다. 피터 싱어는 공리주의자인 제레미 벤담(Jeremy Bentham)을 전거로 들면서, 동물에게도 인간처럼 쾌/불쾌를 느낄 능력이 있다고 바라봤습니다. 공리주의라고 하면 '최대 다수의 최대 행복'이라는 명제가 떠오릅니다. 다수의 쾌를 위해 소수의 희생을 감내해야 한다는 주장이 맹점인 이론이지요. 그런데 다수의 쾌 속에는 생명의 쾌도 포함된다고 할 수 있습니다. 그로부터 생명이 엄청난 고통을 느끼는 상태가 인간에게도 그리 이롭지 않을 것이라는 윤리적인 명제가 제출됩니다. 만약 내가 쾌를 느낀다고 하더라도 생명과 자연이 불쾌와 고통 속에 있다면 그것은 행복일 수 없습니다. 생명과 자연, 인간까지 포함한 커다란 생명 공생의 공리주의가 여기에서 제출됩니다. 그렇기 때문에 피터 싱어의 공리주의의 구도에서는 최대 다수의 최대 행복이라는 명제 내부에 생명과 인간이 함께 포함되는 것입니다.

피터 싱어는 여기에서 한 발자국 더 나아갑니다. 인간과 동물 모두 고통을 느낀다는 점에서 '이익 동등 고려'의 관점에서 사고되어야 한다고 본 것이지요. 이는 공리주의의 범주 내에서 윤리적인 명제를 가장 극한으로 전개한 결과입니다. 다시 말해 동물도 감정을 느낀다는 점을 지적했던 공리주의의 범위를 넘어서 감정을 느끼기 때문에 인간과 동물은 동등하게 사고되어야 한다는 논리를 끝까지 밀어붙입니다. 피터 싱어의 주장에 따르면 동물이 느끼는 고통을 인간은 외면할 수 없는 상황이 초래됩니다. 그래서 인간 대리인들이 동물의 권리를 대변하고 활동하고 실천하게 되는 것이지요.

1975년에 발표된 피터 싱어의 《동물 해방》에는 공장식 축사에서 살아가는 동물들의 비극적인 상황이 여과 없이 고발되어 있습니다. 철분이 부족한 연분홍빛 송아지 고기의 맛을 미식이라며 찾는 사람들 때문에 빈혈에 걸리도록 길러져서 못을 핥고 있는 송아지, 마지막까지 알을 낳고 숨지는 닭들, 스톨이라는 인공 구조물 갇혀 몸을 돌릴 수도 없게 된 채로 새끼 낳기를 반복하는 어미 돼지의 상황 등이 고스란히 묘사됩니다. 그러한 공장식 축사의 상황은 오늘날에도 거의 개선되지 못한 상태입니다. 햇빛 한 조각 없는 지저분하고, 습하고, 열악한 농장에서 동물들은 항생제와 성장호르몬을 계속 투여받으면서 사육됩니다. 이런 사실들은 철저히 숨겨진 채 공장식 축사의 동물들은 마트에 맛깔나게 진열된 고기가 되어 우리의 눈앞에 등장할 뿐입니다. 비위생적인 공장식 축사의 환경이 개선되지 않고 있는 상황인데도, 소비자들은 위생적으로 포장되어 판매되는 고기만을 보고 선택을 합니다.

이러한 동물의 고통에 공감하고 연대하는 것은 어떤 행동방식으로 우리를 유도할까요? 피터 싱어는 인종차별이나 성차별, 소수자 차별과 마찬가지로 종차별주의를 문제로 지적합니다. 마치 흑인 차별이 한 세기 동안 지속되어 왔듯이, 우리 세기는 종차별주의를 내면화시켰다고 지적합니다. 우리 앞에 흑인 해방, 성 해방처럼 동물 해방이라는 색다른 과제가 놓여 있는 셈입니다. 그렇다면 우리는 무엇을 해야 할까요?

피터 싱어는 비건(vegan) 채식을 윤리적인 실천으로 제기합니다. 그것은 그가 책 서문에서도 밝혔듯이 소시지를 먹으면서 애완동물을 사랑한다고 말하는 호사가들의 모습과 사뭇 다른 것임에 분명합니다. 그는 동물이 느낄 고통에 공감하면서, 완전 채식과 같은 가장 극도의 윤리적인 행동으로 향해야 한다고 설파합니다. 동물의 고통에 공감하면서 윤리적으로 채식한다는 것은 건강을 위한 채식과는 사뭇 다른 방향임에 분명합니다. 지구별에서 생명이 처한 열악한 상황에 공감하고, 그들의 고통을 극복하기 위한 실천에 연대하는 뜻을 갖고 있는 셈입니다.

얼마 전에 캣맘 한 분을 만났습니다. 그분은 전염병이 돌아 길냥이들이 대거 목숨을 잃은 사건을 얘기하면서, 그 고통에 공감하기 위해 채식을 하고 있다고 얘기하셨지요. 유정성은 '고통을 느낀다'라는 철학적인 사변의 명제가 아니라, 뼈에 사무치게 공감하고 연대하는 감수성입니다. 이에 따라 유정성은 '고통을 느낄 능력'을 넘어서 '고통을 느끼는 동물을 사랑할 능력'으로 더욱 파급효과를 가지게 됩니다. 제 경험상 동물들은 쾌/불쾌를 느끼는 것을 넘어서 다채로운 감정의 선을 타는 것 같습니다. 아내 옆에 푹 파묻혀 잠이 들면서 아내 팔에 계속 꾹꾹이를 하는 모모를 볼 때마다 '진정으로 아내를 사랑하는구나!'라는 생각도 듭니다. 그런 점에서 유정성은 고통에 대한 감수성을 넘어 사랑에 대한 감수성까지도 포함하는 개념이지 않나 싶습니다.

어려운 시절을 건너는 다리가 되어

모모가 아팠을 때, 방바닥에 누워 낑낑대는 모습을 보고도 정작 제가 해줄 것이 하나도 없었습니다. 저는 그저 모모를 연신 쓰다듬었을 뿐입니다. 그러나 아내는 저와 차원이 달랐습니다. "모모를 좀 안고 있어봐" 하더니 약을 먹이고, 배를 만지고, 배변을 위한 각종 민간

요법 등을 총동원했지요. 심지어 관장을 집에서 하는 법을 배워다가 직접 하겠다고 나서기도 했습니다. 아내에게 포기는 없었습니다. 그래서였을까요? 그 많은 정성과 노력으로 모모가 살아났을 때 아내의 기쁨은 상상을 초월하는 것이었다고 합니다. 생명을 살리는 노력은 무엇과도 바꿀 수 없다는 생각이 듭니다.

어려운 시절에 이를 건널 다리가 된다는 것은 참 의미 있는 일입니다. 작은 아깽이 모모는 자신의 몸을 온전히 아내에게 맡기면서 계속되는 고통을 이겨낼 수 있었습니다. 전에는 험한 세상의 다리가 된다는 것이 어떻게 가능한지 의문을 품었던 적도 있었습니다. 자신도 힘든데 어떻게 다른 생명까지 책임지느냐는 생각을 품었던 적도 있었습니다. 그러나 그러한 생각은 모모를 만난 이후, 모두 다 불식되었습니다. 저는 모모의 쾌유를 기적이라고 생각하지는 않습니다. 아내의 정성과 노력, 돌봄의 결과라고 생각하기 때문입니다.

유난히 무더웠던 2018년 여름은 이상하리만치 죽어나가는 길냥이들이 많았습니다. 어느 날 아내가 전화를 걸어 다급하게 말했습니다.

"사고가 났어, 어서 와."

연구실 주변 문래동 철공소 골목에서 길냥이가 차에 깔리는 사고가 난 것입니다. 저는 곧바로 달려갔습니다. 사건의 현장은 참혹했습니다. 죽은 고양이 옆에 동생으로 보이는 작은 고양이가 연신 울면서 슬퍼하고 있었습니다. 작은 고양이는 저희가 오자 몸을 피하면서도 뒤를 쳐다보면서 슬프게 울었습니다. 뒤를 계속 돌아보는 작은 고양이가 못내 안타까웠습니다. 죽은 고양이는 연구실 옆집 지붕에 사는 길냥이 가족 중 하나로, 아마도 모모의 형제였던 것 같습니다.

그리고 며칠 후, 죽은 길냥이를 또 발견했습니다. 이번에는 옆집 지붕에서였습니다. 죽은 고양이는 어린 아깽이였고 그 옆에는 아파 보이는 또 다른 아깽이 하나가 자리를 뜨지 못하고 형제의 주검을 지키고 있었습니다. 길냥이들의 열악한 현실에 가슴이 너무 아팠습니다. 물도 먹이도 제대로 못 먹고 병에 걸려 죽는 일이 다반사였던 것이지요. 당시 저희가 옆집 지붕에 급식소를 차려 밥을 주다가 주민들의 민원으로 인해 그만두게 되면서 생긴 일 같아서 더욱 가슴이 아팠습니다.

죽은 아깽이 옆으로 조심스레 다가가서 아내가 사체를 수습했습니다. 그때 옆을 지키던 고양이가 아내에게 하악질을 했습니다. 자세히 보니 녀석은 심하게 말랐고 눈 한쪽이 퉁퉁 부어올라 있었습니다. 그대로 두었다가는 큰일이 날 것만 같았습니다. 병원에 데려가서 치료를 하려고 아내가 손을 내밀자 고양이는 아내의 손을 꽉 물었습니다. 아내는 병원에 가서 치료를 받아야 했습니다. 이후 저는 다시 옥상에 가서 쓰러져 있던 그 아깽이를 구조했습니다. 그 녀석이 바로 연구실의 막내 또봄이입니다.

또봄이가 치료와 격리를 마치고 연구실 생활을 시작한 날, 새 식구에게 모모가 가장 먼저 다가왔습니다. 저는 혹여 막내 자리를 두고 경쟁하는 건 아닐까, 사랑을 독차지하려고 해코지를 하지 않을까 하는 편견과 선입견 탓에 걱정스러운 마음이 먼저 들었습니다. 그래서 둘을 떼어놓으려고도 했지요. 아내가 "가만 내버려둬봐, 찬찬히 지켜보자고" 하며 저를 제지했습니다. 그런데 놀라운 일이 벌어졌습니다. 처음에는 하악질을 몇 차례 하던 모모가, 얼마 안 있어서 또봄이에게 장난을 치기 시작한 것입니다. 그러고는 또봄이의 몸을 샅샅이 핥고, 부비고, 품에 품고는 잠에 들었습니다. 마치 또봄이의 고통에 공감하는 것처럼 느껴졌습니다.

고통에 대한 연민으로부터 시작되는 생명 존중

피터 싱어는 동물도 고통을 느낄 능력이 있다고 말하면서, 인간에게 동물의 고통에 공감하고 연민을 느끼자고 요청합니다. 작은 생명의 고통 앞에서 이에 공감하지 않을 사람들이 있을까요? 또봄이에게 다가가 그 고통에 연민을 느낀 모모처럼 인간에게도 동물의 고통에 공감할 능력이 있습니다. 너의 아픔은 남의 일이 아니라는 심정으로 다가가서 돕고 돌볼 줄 아는 능력은 생명이라면 누구나 갖고 있는 능력이니까요. 심지어는 모모에게 경쟁의식을 갖고 있던 달공이조차도, 모모가 낑낑거리며 아파하자 걱정이 되어서 "우우우" 늑대 소리를 내며 슬퍼했습니다. 동물이 겪는 고통에 대한 연민은 곧 소수자와 이주민, 난민, 장애인 등에 대한 사랑으로 확산될 여지도 분명 있습니다. 생명과 함께 사랑과 공감의 시간을 가져본 사람들이라면 소수자를 사랑하고, 이주민을 환대하고, 난민을 받아들이고, 장애인을 돌보고 연대하는 등의 용기 있는 행동으로 나설 수 있다고 생각합니다. 그런 점에서 생명에 대한 연민 발자국, 온정 발자국, 돌봄 발자국이 지구별에 찍히는 것은 탄소 발자국과 같은 지저분한 발자국이 남기는 흔적에 비하면 더 가치 있고 의미 있는 일이 아닐 수 없습니다.

아픈 모모가 연구실에 들어온 이후에 저희 부부는 더욱 성숙할 수 있었습니다. 다른 사람의 고통과 어려움에 대해서 연민과 공감을 느끼고 이들과 연대할 수 있는 초석을 마련하는 계기였지요. 생명이 느끼는 고통에 대한 공감이 소수자에 대한 사랑으로 발전해 나갔으면 하는 바람을 품어봅니다. 동물이 잘 살 수 있는 사회는 소수자도 잘 살 수 있고, 아이와 노인도 잘 살 수 있는 사회일 테니까요.

Lesson 14

'살아 있음' 그 자체로 존엄한 권리

•

내재적 가치

내재적 가치는 삶을 살아가는 생명이 가진 고유의 가치를 의미합니다. 생명 활동은 삶에 여러 무늬와 결이 아로새겨지게 합니다. 특히 놀이를 할 때나 행복과 기쁨 등을 표현할 때 삶의 내재적 가치는 온전히 드러납니다. 생명은 삶을 살아갈 가치로 판단되어야지, 도구적 가치나 쓸모로 판단되어서는 안 된다는 점에서 톰 리건(Tom Regan)은 내재적 가치라는 개념을 제시했습니다. 이번 수업에서는 삶이 갖고 있는 요철과 굴곡, 주름 등이 펼쳐져서 삶의 과정을 만들 때의 모습을 그려보겠습니다.

"아무리 해도 갸르릉 소리가 안 들려."

어느 날, 대심이 배에 귀를 대고 소리를 듣던 아내가 나지막이 얘기했습니다. 독립심도 많고 자존심도 센 대심이는 이상하게도 우리가 쓰다듬어줘도 반응하지 않았습니다. 그래서 저희 부부는 대심이를 갸르릉 장애가 있는 고양이라고도 규정했지요. 다른 고양이들은 살짝만 쓰다듬어도 엄청난 갸르릉 소리를 냈는데, 대심이는 무덤덤했습니다. 달공이 같은 경우에는 경운기 소리에 가까울 정도로 엄청나게 큰 갸르릉 소리를 내기도 했는데 말이지요. 고양이에게 갸르릉 소리는 기분이 좋다는 표시이자 삶의 만족도를 나타내는 척도라고 알고 있었기 때문에, 혹시 우리가 대심이에게 못해준 것이라도 있는 것은 아닌가 하는 미안한 느낌도 들었지요. 어쩌다 갸르릉을 하더라도 아주 작은 소리만 살짝 내다 마는 정도였지요.

그 후로 꽤 오랜 시간이 지났습니다. 저희 부부는 주인님을 만족스럽게 보살피지 못하는 능력 없는 집사인가 하는 자괴감이 들던 참이었습니다. 어느 해 겨울, 갑자기 대심이가 라쿠라쿠 침대에서 낮잠을 자던 제 품으로 파고들었습니다. 추운 겨울이라서 그러려니 하면서 저는 오른팔을 열어 대심이를 맞이해주었지요. 대심이는 더욱 품속 깊이 들어왔습니다. 한 존재가 저의 삶에 파고들어 둥지를 튼 기분이 들었습니다. 굉장히 따뜻한 체온이 느껴졌고, 숨소리도 쌕쌕 들렸기에 이불 속에 저는 얼굴을 파묻고 대심이를 찬찬히 쳐다봤지요. 대심이는 정작 별일 아니라는 듯 식빵 자세를 하고 이불 속에 앉아 있었습니다. 대심이가 많이 춥기는 추웠나 보다 싶어서 저는 전기장판을 세게 틀었지요. 그러자 대심이가 차츰 자세를 바꾸어 네 다리를 뻗고 누웠습니다. 늘 그랬던 것처럼 말이지요. 저는 편히 드러누운 대심이를 손으로 계속 쓰다듬어주었습니다.

그때였습니다. 대심이가 저와 함께 한 지 8년 만에 처음으로 갸르릉 소리를 크게 내는 것이었습니다. 그 후로 대심이는 매일 제가 낮잠을 자러 가면 따라와서 제 이불 속에서 함께 잠을 잤습니다. 대심이의 갸르릉 소리를 들으면서 저는 낮잠에 푹 빠져버렸지요.

그러던 어느 날 사건이 벌어졌습니다. 그날도 여느 때처럼 제가 자려고 침대에 눕자 대심이는 코를 들이밀며 이불 속으로 파고들었습니다. 저도 순순히 옆자리를 비우고 오른손으로 이불을 들춰서 대심이가 들어올 공간을 마련해주었지요. 그런데 저의 무릎 고양이 달공이가 그 현장을 딱 목격하고 만 것입니다. 달공이의 동공이 흔들리는 듯이 느껴진 것은 착각이었을까요? 저는 괜히 달공이에게 미안해졌습니다. 그래도 설마 무슨 일이 있겠냐 싶어 그냥 잠에 들었습니다. 그런데 30분 정도 자다가 일어나니, 달공이가 계속 방 앞에서 대기하고 있었던 모양입니다. 가는 데마다 따라와 제 다리에 부벼대서 도저히 걸을 수 없는 지경이었습니다. 쓰다듬어주지도 않았는데 달공이가 갸르릉 소리까지 내면서 말이지요. 그 갸르릉 소리는 제가 쓰다듬어줄 때 내는 갸르릉 소리가 아니었습니다. 스스로 몸속에서 끌어올린 간절한 갸르릉 소리였습니다. “달공아, 나 어디 안 가, 네 곁에 있을 거야” 하며 아무리 설득을 해도 달공이는 듣지 않았습니다. ‘집사는 내 것’이라는 영역 표시로 제 다리에 몸을 계속 문질러 대고 있었지요. 그 후로 저는 낮잠을 자러 갈 때 대심이가 따라오면 달공이 눈치를 보게 되었습니다. 달공이가 자고 있을 때나 주의가 흐트러진 타이밍을 노려 달공이 몰래 대심이를 불러야 했지요.

갸르릉이 주는 치유 효과

저는 매일 달공이와 대심이의 갸르릉 소리를 들으면서 그것이 주는 치유적 기능에 대해서 많이 생각합니다. 실제로 고양이의 갸르릉 소리는 스스로에 대한 치유 효과를 갖고 있다고 합니다. 고양잇과 동물들이 갸르릉 소리를 내는 것은 자기 자신의 삶이 온전히 보호되고 있어 안전함을 느끼고 스스로 만족하고 있어 기분이 좋다는 의사표현이라고도 합니다. 또한 일종의 자기최면과도 같다는 얘기도 있습니다. 그래서인지 갸르릉 소리를 들으면 그 소리를 듣는 사람도 함께 만족감을 느끼고 안정되는 것 같습니다. 고양이가 갸르릉 소리를 내면서 살아가는 것은 마치 아이들이 어두운 밤거리를 걸으면서 노래를 부르는 것처럼 느껴질 때도 있습니다. 고양이의 갸르릉은 어렵고 열악한 현실을 이겨내고 삶을 살아가려는 의지이자 삶에 대한 만족감과 자존감을 표현하는 것이기 때문입니다. 갸르릉이 주는 치유 효과는 대단합니다.

여기 고양이라는 생명이 자신의 몸을 반려인에게 온전히 맡기면서 갸르릉을 하고 있습니다. 반려인은 그 갸르릉이라는 만족의 표현을 듣고 더 섬세하게 고양이를 쓰다듬게 됩니다. 시너지 효과가 일어나는 것이지요.

달공이의 갸르릉 시간은 아침에 제 무릎에 올라와서 저의 손길을 받을 때입니다. 갸르릉이 지속되는 한, 저의 무릎은 달공이의 것입니다. 아무리 급한 작업이 있어도 달공이의 갸르릉 소리가 잦아들기 전까지는 쓰다듬어주기를 멈출 수가 없습니다. 화장실이 급할 때에도 달공이가 갸르릉을 계속하는 바람에 낭패를 겪은 경우도 있습니다. 달공이와 저는 그 시간 동안 아주 진지하게 둘만의 시간을 보냅니다. 달공이가 제 무릎에서 갸르릉 대고 있으면 어떤 때는 시간이 정지한 듯한 느낌도 듭니다. 순간이 영원인 느낌이랄까요? 그럴 때마다 갸르릉은 생명의 화음이 아닐까 하는 생각도 듭니다. 생명에게는 화음과 리듬 등으로 자신의 삶을 표현할 능력이 있으니까요. 갸르릉의 화음은 저에게 울림을 줍니다. 달공이라는 진동자에 공명한 저는 동시에 떨림으로 반응합니다. 갸르릉 소리를 통해 저와 달공이 사이에 진동이 있고, 울림이 있고, 화음이 있음을 느끼는 것이지요.

삶은 그저 일차원적인 평면이 아니라서, 그 안에는 요철과 굴곡, 주름이 있습니다. 반복되는 일상의 미세한 차이가 주는 선율, 파동, 리듬이 던지는 울림에 끊임없이 추임새와 화음을 부여하는 것이 바로 삶이라는 생각이 듭니다. 갸르릉도 마찬가지입니다. 그 안에 화음, 리듬, 울림, 떨림, 공명이 담겨 있습니다. 어쩌면 고양이들의 갸르릉은 자신의 삶이 갖고 있는 주름이 펼쳐지는 표현이라는 생각도 듭니다.

사소한 손길에도, 맛있는 간식에도, 작은 터치에도 고양이의 삶은 요동을 치며 온몸으로 노래합니다. 그 노래는 그저 호흡에 의해 음성과 섞여 나오는 소리가 아니라, 내장 깊숙한 곳으로부터 번져 나오는 소리입니다. 고양이의 온몸은 진동자처럼 울립니다. 그것은 파열음이나 협착음이나 분절음이 아니라, 흐름과 같이 파동과 진동과 화음을 갖고 있습니다. 그래서 갸르릉 소리를 내는 고양이를 손으로 만지고 있는 집사 역시 갸르릉에 감동할 수밖에 없습니다.

어쩌면 우리는 이런 감동의 울림을 발신하는 것을 잊고 살지 않았나 싶습니다. 우리는 울림에 떨림으로 반응하는 진동자이기도 합니다. 그런데 그 진동자와 울림통이 무슨 용도이며, 어떻게 그것을 진동시켜야 하는지 까맣게 잊고 살지요. 반면에 고양이는 그 진동자와 울림통을 어느 시점에 어떻게 써야 하는지를 잘 알고 있습니다. "그래, 너의 따뜻한 손길, 마음에 드네. 그래서 나는 기분이 좋다, 네가 좋아!"라는 메시지가 갸르릉 속에 있는 셈입니다.

생명의 내재적 가치

동물권리론을 주장한 철학자 톰 리건은 생명에게는 본래의 가치, 본유적 가치, 내재적 가치가 있다고 말합니다. 즉 동물은 자신만의 의식(awareness)을 가진 존재이고, 삶을 살아가고자 하는 의지를 가진 존재라는 것입니다. 이는 생명을 도구적 가치로 보지 말고 생명이 가진 내재적 가치의 입장에서 바라봐야 한다는 관점입니다. 동물원에서, 공장식 축사에서, 실험실에서 동물들은 버젓이 도구적 가치의 평가 척도에 따라 다루어지고 있습니다. 그러나 누구도 삶을 가진 존재를 함부로 파괴하거나 고통을 안기거나 피해를 줄 권리가 없습니다. 왜냐하면 동물들의 삶 자체가 하나의 권리이기 때문입니다. 그런 점에서 인간은 비인간 동물의 삶을 파괴하거나 고통을 주지 않을 의무를 갖고 있는 셈입니다.

동물권리론이 펼치는 주장에 대해 혹자는 삶, 생명이 갖고 있는 내재적 가치가 무엇이길래, 권리와 의무까지 부여를 하냐는 반응도 보입니다. 생명에게 삶은 그 자신이 갖고 있는 고유한 리듬과 화음, 영토, 무리, 식생, 섭생, 생리, 생식 등의 과정을 통해서 생명 본래의 에너지와 힘과 같은 존엄과 권리가 전개되는 일련의 과정입니다.

삶은 스스로 자신의 권리를 말할 수 있는 근본적인 생명권을 의미합니다. 톰 리건이 동물권을 이야기하기 전에도 이미 각국에서 나무, 새 등에 대한 생명권 소송 등이 이루어졌습니다. 한국에서는 지율스님의 도롱뇽 소송과 같은 참으로 뜻깊은 생명권 소송도 있었지요. 경남 양산의 천성산에 위치한 사찰인 내원사의 비구니였던 지율스님은 도롱뇽의 지어미가 되겠다는 결심을 갖고 당시 경주고속철도를 건설하려던 토건세력에 대항해 100일간의 단식으로 맞섭니다. 지율스님의 단식의 동기가 되었던 작은 생명인 도롱뇽은 숭고한 탈성장의 아이콘이 되었습니다.

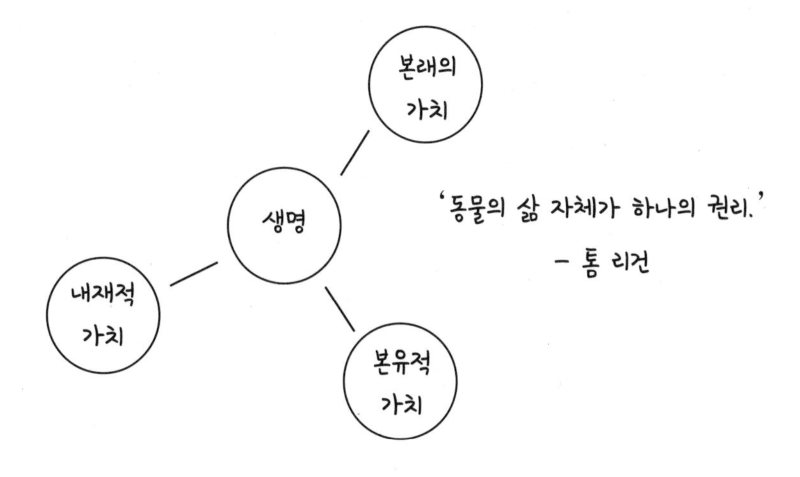

우리의 문명이 여전히 비탄과 절규에 빠져 울부짖는 생명의 현실을 짓밟고 있다는 점은 성찰과 반성을 요구합니다. 동물의 처우 개선과 복지, 권리에 대한 인식으로 나아가기 위해서는 동물권, 즉 생명권을 향한 발상의 전환이 필요한 상황입니다. 삶은 스스로 살아가면서 동시에 스스로 발언하고, 스스로 춤을 추고, 스스로 노래합니다. 고양이의 갸르릉처럼 말이지요. 그러한 생명의 표현에 귀 기울일 때 우리는 생명의 고유한 가치에 입각한 권리에 눈뜰 수 있습니다.

생명의 내재적 가치는 삶을 살아가려는 의지를 가진 존재가 가진 존엄의 가치라고 할 수 있습니다. 누구도 자신을 파괴하면서 희열을 느끼거나 쾌락을 느끼지 않습니다. 자기 자신을 보존하고, 삶의 의지를 발휘하고, 생명력과 활력에 따라 화음, 리듬, 발언, 몸짓, 춤 등을 행위할 권리가 있습니다. 살아 숨 쉬는 그 무엇이든 그것이 삶을 살아가려고 노력하는 것을 두고 비아냥거리거나 비하할 수는 없습니다. 삶에는 절박한 존엄의 권리가 내재해 있기 때문입니다.

권리론적인 발상이 갖는 '이미 존재를 통해 완성되었으므로 개체적인 권리를 주장할 수 있다'는 방식의 논리에 대해 문제를 제기하는 사람이 있을 수 있습니다. 지나치게 개체중심주의적이고 권리주의적이라는 비판 말입니다. 그러나 생명이 갖고 있는 위엄과 존엄에 대해 무시하고, 그것을 죽이고 파괴함으로써 도구적으로 이득을 얻는 것이 현존 문명의 특징이라는 점에 대해서도 간과하지 말고 생각해봐야 할 것입니다. 어떤 면에서 권리는 지켜지지 않는 순간에 더욱 주장될 수밖에 없다는 측면도 있습니다. 지금처럼 생명 학대적이고 생명 착취적인 육식 문명이나 동물실험실 혹은 동물원 같은 공간들의 운용이 지속되는 한 동물권은 지속적으로 호소되고 논의되어야 할 것입니다.

생명은 감동의 단어이자 위대함의 단어일 수밖에 없습니다. 영단어에서 생명(Life)이 삶(life)과 동의어인 것은 우연이 아닙니다.

삶을 살아가는 존재들에 대한 경외

슈바이처(Schweitzer) 박사는 아프리카에서 의사로 활동하는 동안 모든 생명을 가진 존재들이 자신의 생명을 유지하기 위해서 절박하게 애쓰는 모습을 보고 생명에 대한 경외에 대해 깨달았다고 합니다. 젖먹이 아프리카 아이들의 모습이나 병에 걸려 앓고 있는 아프리카

노인들의 모습에서도 그것을 발견했지요. 모든 생명은 위대하며, 그것에 대해 경외를 느끼는 것은 인간으로서 자연스러운 일입니다.

저희 연구실은 생명의 다양한 퍼포먼스가 어우러진 공간이라고 할 수 있습니다. 아침마다 무릎에 올라와 갸르릉을 하는 달공이, 낮잠 시간에 갸르릉 소리로 저를 재워주는 대심이, 저희들끼리 알콩달콩한 모모와 또봄이까지, 이 고양이들을 보고 있노라면 포만감과 행복감으로 들뜨게 됩니다.

우리는 그동안 생명이 내는 화음인 갸르릉 소리의 의미에 대해서 무심하게 생각해 왔는지도 모릅니다. 그저 기분 좋아서 내는 소리라고만 생각했지 그 소리가 다른 생명에게 전달될 때 울림이 떨림이 되고 공명이 되어 서로가 맺고 있는 관계를 바꾸고 둘레환경과의 관계를 바꾸는 원천이 되리라고는 생각하지 못했던 것 같습니다. 생명이 생명에게 던지는 메시지로서의 갸르릉은 몸 전체를 떨면서 내는 소리이기 때문에, 듣는 이의 가슴을 콩닥콩닥 뛰게 합니다. 지금도 대심이는 연신 저의 키보드 치는 손 위로 간섭을 하면서 갸르릉 소리를 내고 있습니다. 대심이가 내면의 갸르릉 소리를 찾아서 다행입니다. 그리고 그 과정에 제가 일조를 해서 더욱 기분이 좋은 오후입니다.

Lesson 15

헤아릴 수 없을 만큼 심원한 마음

•

무의식

무의식은 의식한 것의 잔여 부분으로서의 의미라기보다는 우리 마음의 깊이, 높이, 넓이를 알 수 있는 광대역적인 마음의 지도라고 할 수 있습니다. 스피노자는 이러한 광야 무의식, 즉 기계, 사물, 생명의 배치에 서식하는 마음을 응시하였지만, 프로이트는 가족주의에 사로잡힌 옹졸한 마음만을 제기하였습니다. 무의식의 심연이 갖고 있는 광활함, 위대함 심오함을 복원하기 위해서는 생명의 마음으로 돌아가야 합니다. 이를 통해 우리 마음의 비밀에 접근할 하나의 창이 열릴 테니까요.

"대심이가 클래식을 좀 아나 봐."

아내가 나지막이 속삭이며 제 옆구리를 찔렀습니다. 저는 집필 작업을 하는 동안 주로 클래식 음악을 틀어놓는 편입니다. 그때마다 대심이가 귀를 쫑긋거리며 음악에 맞춰 꼬리를 살랑거립니다. 그날도 대심이는 음악 삼매경에 빠져 있었습니다. 대심이는 특히 클래식에 조예가 깊습니다. 베토벤과 모차르트, 바그너에 심취한 고양이지요. 제가 발라드, 인디음악, 팝송 등을 틀기라도 하면 금세 일어나 어디론가 가버립니다. 오로지 클래식 음악에만 집중하는 모양새입니다. 대심이는 연구실에서 지내는 8년 동안 늘 음악에 관심이 많았습니다. 워낙 조용하고 변화가 없는 환경에서 생활하다 보니 그런 것일 수도 있습니다. 저는 대심이가 음악을 들을 때 작은 음 하나에도 섬세한 반응을 보이는 모습이 참 신기했습니다.

클래식 음악을 듣는 대심이의 마음은 어떤 것일까요? 무엇을 생각하고, 어떻게 느낄까요? 동물행동학에서는 동물의 생각을 행동으로 파악할 수 있다고도 합니다. 클래식 음악 박자에 묘하게 맞춰서 움직이는 꼬리는 아무래도 신기하기만 합니다.

"뭔가, 생각하는 게 분명해! 대심이는 우주를 생각하는 건지도 몰라!"

저와 아내는 둘 다 그렇게 생각할 수밖에 없었습니다. 대심이의 그

신비로운 눈 너머에 거대하고 광활한 무의식이 놓여 있는 것만 같았습니다. 조용히 사색하기를 좋아하는 고양이, 상념에 잠겨서 창문 밖을 쳐다보는 고양이, 석양의 노을을 끊임없이 감상하는 고양이, 대심이의 마음은 어떤 것일까요?

아내는 대심이의 마음이 심오하다는 걸 깨닫고 이를 뭔가 가시적인 성과로 만들었으면 하는 바람을 품었습니다. 그래서 어느 날부터인가 고양이 과자와 장난감 등의 소품을 준비해 대심이에게 숫자를 공부시키기 시작했습니다. 대심이에게 하나부터 셋까지 가르치는 긴 프로젝트가 시작되었습니다.

“이건 일이라고 해, 하나. 알았지? 일이 두 개 모이면 이.”

대심이는 자신을 가르치는 아내의 모습을 유심히 관찰하고 아내가 하는 말을 조용히 들었습니다. 찬찬히 듣고 마치 따라 하는 것처럼 발을 갔다 대기도 하고 야옹거리기도 했지요.

“어어어, 한다. 해.”

아내는 잠시 멈추어서 대심이를 더욱 채근하기 시작했습니다. 그랬더니 대심이는 아내의 팔목을 힘 있게 물더니 그만 도망쳐버렸지요. 엄마 집사의 숫자 교육이 어쩐지 학대적이고 훈육적이라는 느낌을 받았던 모양입니다.

그러나 대심이는 공부가 싫지는 않았나 봅니다. 저희 연구실에서 세미나가 열려 사람들이 모여들 때면, 대심이는 늘 탁자 한쪽에서 참관을 하곤 합니다. 사람들이 무슨 얘기를 하는지, 처음 온 사람은 누구인지 등 일일이 참견을 하고, 그러고도 시간이 남으면 제 앞에 와서 토론 내용을 유심히 듣곤 합니다. 그 바람에 저는 노트며 책을 들여다볼 수 없었지요. 왜냐하면 대심이가 제 유인물 위에 떡 버티고 앉아 세미나에 참여했기 때문입니다. 세미나를 듣는 대심이를 보면서 전에 들었던 얘기가 떠올랐습니다. 강아지가 반려인에 대해 비판적인 얘기를 하는 사람을 콱 물어서 토론회 때 그 사람의 의견을 아무도 비판하지 못하게 되었다는 이야기였습니다. 대심이에게 그런 능력이 있으면 어떨까, 그러면 나는 엄청난 우군을 얻는 것인데 하는 생각을 잠시 했던 것이지요. 그러나 그런 일은 일어나지 않았습니다. 대심이는 그저 차분히 세미나를 참관했습니다. 덕분에 세미나 참석자들에게 '철학 고양이 대심이'로 잘 알려져 있지요.

동물의 무의식, 인간의 의식

"동물에게는 무의식(unconsciousness)이 없다. 왜냐하면 그들에게는 의식(consciousness)이 없기 때문이다."

프랑스의 정신분석학자 자크 라캉(Jacques Lacan)은 이렇게 말합니다. 펠릭스 가타리에 따르면 의식은 의도와 지향성, 목적을 가진 생각인 데 반해, 무의식은 장소, 인물, 사물, 자연, 생명의 배치에 서식하고 깃들어 있는 생각들입니다. 반면 라캉은 의식의 나머지 잔여분이자 잉여를 무의식이라고 봅니다. 의식의 무의식에 대한 장악력과 우선성에 방점을 찍은 관점입니다. 라캉의 주장에 따르면 고양이는 인간처럼 의식이 없기 때문에 무의식이라는 마음도 없다는 것이지요. 어찌 보면 그럴듯하게 느껴지는 말이지만, 생명의 마음과 영성, 욕망을 지극히 천대하는 비하적인 관점이 아닐 수 없습니다. 과연 고양이에게 마음이 없을까요? 목적의식적으로 무언가를 하지 못하는 존재는 마음을 가질 여지도 없다는 것일까요? 라캉의 그러한 생각은 인간중심주의의 오만과 자만을 드러내는 것이라고 할 수 있습니다. 생명과 자연에게는 거대하고, 광활하고, 위대한 마음이 존재합니다. 그 마음은 비록 목적의식으로 드러나지 않는다고 하더라도 그 형태, 관계망과 배치를 통해 서로 연결되는 과정 속에 깃들어 있습니다. 이렇듯 생태계는 관계 맺음과 연결방식에 따라 '마음의 생태학'을 구성합니다.

무의식에 대해서는 17세기 네덜란드의 철학자 스피노자가 《에티카》에서 처음 얘기를 했습니다. "우리의 의식이 장악하지 못한 생각의 영역이 있다"라고 말이지요. 스피노자는 무의식 개념의 창안자입니다. 스피노자의 무의식은 사랑, 욕망, 정동이 서식하는 '내재성의 평면'이었습니다. 마치 도화지 위에 그림이 구도를 갖춰가며 그려지듯이 사랑과 정동, 욕망은 무의식의 평면 위에 아로새겨지는 것입니다. 이와 같은 스피노자의 무의식의 사유는 두 세기 동안 철학사에서 모습을 감춤으로써 사람들의 뇌리에서 사라지는 듯했습니다.

무의식 개념은 19세기 말 오스트리아의 정신분석학자 지크문트 프로이트(Sigmund Freud)가 의식이 빙산의 일각처럼 드러내는 저변의 지층에 거대한 빙산의 몸통인 무의식이 있다고 말하면서 다시 세상에 모습을 드러냅니다. 프로이트에 따르면 무의식은 꿈, 실수, 농담

무의식에 대해

스피노자 : 우리가 의식 못하는 생각의 영역이 있다.
프로이트 : 꿈, 실수, 농담을 통해 잠깐잠깐 드러나는 의식의 잔여물.
라캉 : 동물은 무의식이 없다. 그들은 의식이 없으니까.
융 : 깊이 있는 사유.

을 통해서 잠깐잠깐 그 거대한 잠재의식으로서의 면모를 드러낸다고도 합니다. 이를테면 재판이 지겨웠던 판사가 개장을 휴장으로 선언하는 실수를 하거나, 꿈속에서 자신이 생각지도 못한 일을 하거나, 농담에 상대방에 대한 은근한 혐오가 드러나거나 하는 것들이 그것입니다. 프로이트에 따르면 무의식은 일상의 작은 틈새를 통해 잠깐 드러난다고 합니다. 하지만 미디어와 인터넷 등이 이미지와 영상을 통해 무의식을 대량생산하고 있는 현대사회의 실정에 비추어 보면 프로이트의 주장은 지극히 낡은 발상이라는 것을 알 수 있습니다. 오늘날 텔레비전, 유튜브나 페이스북을 통해서 생산되고 유통되는 콘텐츠들은 우리의 무의식을 빵 찍어내듯 생산하는 과정이기도 합니다.

프로이트는 존재 내면의 거대한 무의식을 발견했으면서도 그것을 의식의 잔여물, 나머지 영역, 잉여로 던져놓습니다. 그리고 무의식에 대해서 시종일관 색안경을 끼고 바라봅니다. 그의 이론은 생애 말기에 가서 충동과 무의식을 동일하게 볼 정도로 비하적인 관점으로 흐릅니다. 오이디푸스콤플렉스처럼 아버지를 죽이고 어머니를 취하려는 신경증적인 발상이 우리 모두의 무의식에 아로새겨져 있다고 보는 것이지요. 이런 생각은 서구 중산층 가족의 심리 상태를 인간 전부에게 적용한 환원주의라고 할 수 있습니다. 또한 하나의 콤플렉스로 환원하는 발상주의, 요술과도 같이 때려 맞추는 해석주의, 사회에서 만난 사람을 가족 구성원으로 보는 동일시의 방법 등으로 이루어진 인지편향으로 우리를 이끌 뿐입니다. 무의식의 영역은 모두 신경증으로 환원되는 것이 아니라, 다양한 증후들을 갖고 있는 마음이자 다양한 마음들이 어우러져 균형과 조화를 이루고 생태계를 이룬 상태라고 할 수 있습니다. 그렇기 때문에 "너는 우울증이야", "너는 신경증이야"라고 단정하여 하나의 상태로 환원하려는 것은 결코 마음의 생태계를 전(全)측면적으로 살펴볼 수 있는 방법론이라고 할 수 없습니다.

프로이트는 무의식의 숨겨진 의도를 의식화하는 순간, 정신질환이 치유될 것이라는 발상도 보여줍니다. 이는 의식의 치유 효과를 주장했다는 점에서 근대의 주체 철학에서 크게 벗어나지 못했다고 할 수 있습니다. 특히 프로이트주의는 마치 오줌 묻은 아이의 작은 영토에 '아버지-어머니-나'라는 삼각 구도의 가족주의 신화인 오이디푸스콤플렉스가 깃들어 있다는 고정관념의 상징 질서를 선보였습니다. 그러나 고아인 아이들, 즉 가족주의 전망이 없는 젊은이들에게 프로이트의 이론은 설명력이 확 떨어집니다.

무의식은 광활합니다. 우주, 자연, 미생물, 원자, 생명, 기계 등 만물에 깃들어 있는 마음이 바로 무의식이기 때문입니다. 대심이의 무의식만 하더라도 정말로 그것이 어떤 형태이며, 어떤 방식으로 드러나고 작동하는지 우리는 알 길이 없습니다. 대심이는 작은 곤충을 쫓는 미세한 현미경의 눈으로 세계를 재창조하는 무의식을 선보일지도 모릅니다. 생명의 마음은 어떤 과학적인 방법으로도 모두 규명할 수는 없을 것입니다. 고양이가 본 세상은 우리가 본 세상과 사뭇 다를 것이며, 마음의 이행과 변화 양상도 다를 것입니다. 인류 문명이 갖고 있는 의식적인 방법론이 세상을 고정된 형태로, 편견으로, 선입견으로 바라보게 만드는 것은 아닌지 반성하게 되는 대목입니다.

미국의 인류학자 그레고리 베이트슨의 말처럼 의식은 무의식화됨으로써 자꾸 의식되는 상황을 절약할 수 있습니다. 다시 말해 반복되는 의식을 절약하기 위해서는 그것이 생활 습관과 같이 무의식의 영역에 있어야 하는 것입니다. 그런 점에서 무의식의 의식화라는 학(學)의 영역과 의식의 무의식화인 습(習)의 영역을 구분해볼 수 있습니다. 학은 더 많은 정보와 지식을 원하지만, 습은 의식적인 지식을 최소화하고 아는 것은 실천하고자 합니다. '앎=함=삶'의 영역으로 향하기 때문입니다. 의식을 통해서 의도, 지향성, 목적을 갖는 경향이 축소될수록 우리는 광활한 무의식의 영역에 접속할 수 있을 것입니다. 우리의 마음이 생명의 마음과 닮아가는 방향으로 향하는 것은 전환사회를 앞당기는 초석이 되리라 생각합니다. 생명의 무의식, 우주적 무의식, 미생물의 무의식, 양자적 무의식이 우리에게 필요한 상황인 것이지요.

블랙박스, 본질로 본 고양이, 작동으로 본 고양이

대심이의 마음, 즉 생명의 마음, 동물의 무의식은 '알 수 없다'고 정리할 수밖에 없습니다. 행여 어떤 동물학자가 동물이 이러이러한 행동을 하는 이유는 이러이러하기 때문이라고 적시한다 하더라도 그것은 마음의 내용에 대한 것이 아니라 행동 패턴이나 습성, 본능적인 것에 대한 분석일 뿐입니다. 생명은 일종의 블랙박스처럼 사람들이 안을 들여다볼 수 없음에도 불구하고 작동을 잘 하는 상태를 보여줍니다. 그것은 우리의 삶의 상황과도 같습니다.

제가 쓰는 무선 청소기는 몇 해 동안 고양이털을 깨끗하게 빨아들이면서도 아직까지 고장 한 번 없이 작동을 잘하고 있습니다. 제가 그 내부 구조를 모른다고 하더라도 쓰는 데는 전혀 무리가 없지요. 하지만 이 청소기가 고장이라도 난다면 저는 고칠 수 없습니다. 전문가들만 고칠 수 있습니다. 생명에 대해서도 마찬가지입니다. 게다가 생명의 기능에 대한 답을 알고 있는 전문가들은 더러 있겠지만, 생명의 근본적인 이유와 본질에 대해서 답을 갖고 있는 전문가들은 아예 없습니다. "왜 이 험한 세상에 태어났니?"라고 대심이에게 물은들 대심이는 침묵한 채로 찬찬히 제 눈을 바라볼 뿐입니다. 대심이의 무의식과 마음에 대해서 저는 추정으로 일관할 뿐입니다.

근대 철학은 본질과 이유에 대한 답을 회피하면서 작동과 양상에 대해서만 대답해 왔습니다. 더 정확히 얘기하자면 기능에 대한 답을 가진 전문가주의의 사회를 만들었지요. 고대의 형이상학은 사물, 생명, 인간, 자연의 본질과 이유에 대해서 물었습니다. 형이상학은 생명과 자연에 깃든 영혼이나 신성, 자기원인 등으로 세상의 작동 원리에 대해 설명하겠다는 고대 인류의 야심찬 프로젝트임에 분명합니다. 그러나 그것은 대답이 없을 수도 있는 질문입니다. 물론 대답할 수 없는 질문을 통해서 세상을 재창조하는 순간도 있습니다. 마치 풀 수 없는 화두를 던져 깨달음을 얻는 불교의 간화선이 그 사례겠지요.

저는 어릴 적 시계가 작동하는 원리가 매우 궁금했습니다. 그래서 책상에 놓인 탁상시계를 엄마 몰래 해체해서 그 안에 있는 톱니바퀴며, 사슬이며, 나사 등을 빼냈지요. 그리고 신비와 경외의 시선으로 그 부품들을 하염없이 바라봤습니다. 그런데 해체하기는 쉬웠는데, 다시 조립하는 건 불가능했습니다. 저는 시계의 발명가가 아니었습니다. 시계는 멈추어버렸고, 움직이지 않았습니다. 생명이나 사물을 부수고 파손하는 것은 쉽지만, 이를 생명답게, 사물답게, 다시 움직이게 하기 위해서는 엄청난 노력이 필요합니다. 해체는 쉽지만 구성은 무척 어렵습니다. 본질과 이유에 대한 질문이 더욱 깊어지면, 우리는 생명의 마음을 알겠다고 두뇌를 해부할지도 모르겠군요. 그러나 그렇게 한들 마음의 생태학에 대해서 모두 다 파악하는 것은 불가능합니다. 그렇기 때문에 형이상학은 애초부터 불가능에 도전한 기획이라고 할 수 있겠습니다.

물론 철학에서 말하는 개체적 시각에서 보면 고양이라는 실체(substance)는 분명히 있는 것만 같습니다. 여기에서 실체는 외부로부터 독립되어 자기원인을 가진 개체를 의미합니다. 그러나 외부와 소통하지 않고 독립되어 존재할 수 있는 실체는 어디에도 없습니다.

고양이의 마음은 캣타워에 의존하고 있고, 캣타워는 땅바닥에, 땅바닥은 지구에, 지구는 태양계에, 태양계는 우주에 의존하고 있는 등 세상의 모든 존재는 서로 연결되어 상호 의존하기 때문입니다. 그리고 집사의 마음에도 강하게 연결되어 있겠지요. 그렇기 때문에 생명의 마음을 100% 온전히 아는 것은 불가능한 일입니다만, 그것의 내용과 배치는 추적해낼 수 있습니다. 서로 연결되어 있는 관계망을 살핀다면, 그 개체가 갖고 있는 생각의 내용에 접근할 수 있는 셈이지요. 사실 마음의 생태학은 관계망에서 비롯된 마음에 대한 것입니다. 우리가 대심이에게 가까이 갈 때와 멀어질 때, 쓰다듬어줄 때와 야단칠 때, 클래식 음악을 매개로 관계할 때와 헤비메탈 음악을 매개로 관계할 때 등 관계 맺기 방식의 차이에 따라 대심이의 마음에 각기 다른 생각을 생성시킬 것입니다. 그 마음이 관계를 맺는 사람에게 있는지, 대심이 자신에게 있는지는 무의미한 논쟁이라고 할 수 있습니다. 그 관계망과 배치 자체에 마음이 서식하기 때문입니다.

"대심이는 이런 고양이야, 그래서 이런 마음을 가지고 이런 행동을 하는 거야"라고 본질을 규정할 수 있다면 얼마나 편할까요? 그러나 대심이는 시시각각 변화하는 마음의 소유자입니다. 제가 대심이를 대할 때의 태도 역시 시시각각 변하지요. 어떤 때 대심이는 투정을 잔뜩 부립니다. 어떤 때는 세상에서 가장 잘 노는 아이처럼 뛰어놉니다. 어떤 때는 우아한 모습으로 클래식 음악에 맞춰 꼬리를 흔들기도 합니다. 천 개의 얼굴을 가진 대심이의 마음은 이러한 천 개의 무의식이 생태계를 구성하여 각기 화음, 리듬, 조화, 공생을 이룬 상태일 것입니다. 이따금 대심이가 어떤 반응을 보이는지 실험해볼 때도 있습니다. 이를테면 대심이와 달공이 사이에 과자를 두는 식의 실험이지요. 대부분의 경우 대심이는 양보를 하고, 달공이가 먹는 것을 우두커니 쳐다봅니다. 대심이의 마음을 시험에 들게 하는 일은 동물 심리 테스트와 같이 느껴져서 잘 하지 않습니다만 아주 가끔 이루어지는 실험의 결과, 대심이의 의젓하고 우아한 마음이 느껴지면 와락 안아주고 싶을 때가 많습니다.

생명의 마음, 그 깊이와 넓이 그리고 높이

무의식은 생명이 가진 마음의 깊이를 잘 표현해내는 개념입니다. 무의식은 거대한 잠재의식입니다. 태곳적의 원시인류, 생명, 아이들이 품고 있는 마음입니다. 무의식으로 향하는 것은 퇴행을 의미하지 않습니다. 길고 긴 오래된 꿈을 재생하고 순환시키는 마음으로 향하는 것입니다. 그 마음은 오래된 미래로서 무의식의 지반을 의미합니다. 분석심리학의 창시자 카를 융(Carl Jung)은 무의식을 깊이 시추해 들어가면 원형 무의식이라고 부르는 아주 깊이 있는 사유와 접속하게 된다고 이야기합니다. 융은 집단 무의식 내에 공통으로 내재한 원형적인 무의식의 상과 이미지를 추적하면서 신화, 전설, 종교 등을 파헤칩니다. 불교의 만다라에 담긴 우주의 궁극적인 본질과 형상과도 마주칠 수도 있는 작업인 것이지요.

무의식의 심연에는 삶을 살아가려는 생명의 몸짓과 화음이 살아

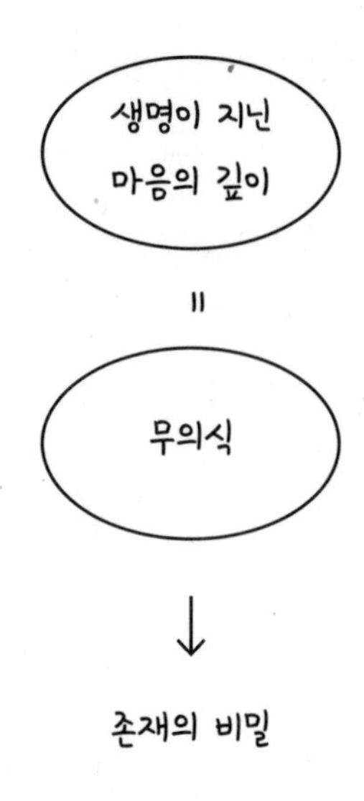

움직이고 있습니다. 그 생명력과 활력이 세상을 구성하는 근본적인 원리였음을 깨닫게 되는 것이 바로 깊이의 마음입니다. 깊이의 마음 밑바닥에는 무엇이 있을까요? 우리의 복잡 미묘한 마음을 양파를 까듯 차근차근 벗겨내면 그 속에서 울고 있는 한 아이와 마주치게 됩니다. 다툼이나 분쟁에도 불구하고 상대방에게 인정받고자 울부짖는 아이의 몸짓이 있음을 측은지심(惻隱之心)으로 바라보는 것, 그것이 곧 깊이의 마음에 대한 통찰입니다. 생명의 마음이 품고 있는 깊이를 어떻게 측정할 수 있을까요? 인터넷에서 흔히 볼 수 있는 동물 심리 테스트처럼 무망한 방법으로는 절대 알 수 없습니다. 그것은 비정상적인 환경에서 나오는 비정상적인 행동양식을 마치 하나의 진리인 양 간주하는 환원주의입니다.

생명의 마음은 둘레환경과의 일체감에서 오는 넓이의 마음도 수

반합니다. 마음이 자연 생태계와의 관계 맺기와 배치의 방식을 어떻게 갖느냐에 따라 그 넓이는 더 광활하고, 거대하고, 위대해질 수 있습니다. 거대한 광야를 바라보는 유목민의 시야 같은 마음처럼, 머나먼 들판을 바라보는 스라소니의 마음처럼, 도전적이고 모험심으로 가득한 광대역의 무의식은 어떻게 존재할까요?

대심이가 석양의 노을을 조용히 바라보는 순간, 저는 숨이 막힙니다. 태양을 바라보는 작은 고양이의 마음속에는 태양이 서식할 것이기 때문입니다. 관계망과 배치, 연결망에는 분명 마음이 서식합니다. 마치 TV에도, 부부의 침실에도, 축구 경기장이라는 공간에도 서식하는 무의식처럼 말이지요. 그런 점에서 생명의 마음이 얼마나 위대하고 경이로운가를 생각해볼 수 있습니다. 그것은 온전히 모든 넓이의 마음을 통찰하고 직관하기 때문입니다. 그 광대역의 무의식에 비하면 인간 사회의 마음은 옹졸하고 얄팍합니다.

이쯤에서 생명의 마음이 가진 높이에 대해서도 말해야 할 것 같습니다. 제가 길냥이에게 밥을 줄 때 간혹 어미 고양이가 있는 아깽이를 발견할 때가 있습니다. 그때 어미 고양이는 온몸을 바쳐 아깽이를 보호합니다. 그 모습이 '나는 죽어도 좋으니, 내 자식들만은 건드리지 말라'는 필사의 노력과도 같이 느껴집니다. 자신의 목숨까지도 일거에 바칠 각오가 된 생명의 모습에서 저는 위대한 생명의 마음, 높이의 무의식을 발견합니다. 그 행동에는 생명이 생명을 살리기 위한 숭고의 마음이 깃들어 있습니다. 인간 사회의 의미나 가치와 같은 단조롭고 정의 내려진 행동양식이 아닌 생명의 심장박동과 체온과 숨

결이 위대한 행동을 이끕니다. 그것은 온몸을 바쳐 만들어내는 생명 살림의 몸짓입니다. 살과 피부로부터, 심장으로부터, 숨결로부터 나온 위대함입니다. 높이의 마음을 얘기할 때, 생명의 위대함에 대해서는 누락하고 인간의 희생정신에 대해서 얘기하거나, 인간 사회가 이로부터 건설한 문명의 위대함에 대해서 얘기하는 경우가 많습니다. 그러나 생명과 자연의 숭고함과 위대함은 어떤 높이의 마음보다 높은 영역에 있음이 분명합니다.

대심이가 가진 마음의 깊이, 넓이, 높이에 대해 저는 아주 조금만 알고 있을 뿐입니다. '대심이의 생각이 무엇이다'라고 규정하는 것은 불가능할 것만 같습니다. 저는 늘 대심이가 조용히 생각하고 있으면 그 블랙박스와 같은 마음에 대해 호기심과 궁금함을 갖고 지켜보는 집사일 뿐입니다. 대심이는 그것이 무엇인지 쉽게 알려주지 않습니다. 풀 수 없는 질문에 매달리는 것이 싫지만은 않습니다. 오늘도 연구실에 황혼이 깃들 것입니다. 대심이는 오렌지빛 눈동자로 황혼을 지긋이 지켜보겠지요. 저는 그런 대심이를 바라볼 것입니다. 대심이의 마음이 궁금해지는 저녁입니다.

Lesson 16

연약하지만 강한 생명의 자리

•

가장자리 효과

가장자리 효과(edge effect)는 산과 들, 바다와 육지 등의 결, 가장자리, 주변의 강렬도가 더 높아 생명이 창궐하고 생성하기 좋은 지대라는 생태학의 개념에서 비롯됩니다. 이는 자연과 사물, 생명의 본질과 이유를 규명하기보다는 주변과 가장자리인 작동과 양상에 주목해보자는 지혜의 방법론이기도 합니다. 이번 수업에서는 근대 이성과 합리주의가 구획하고 분리하려고 했던 동물과 인간 사이의 틈새, 여백, 곁을 살피자는 이야기를 하고자 합니다.

달공이는 제 책상 언저리나 싱크대 모퉁이에서 서성대는 걸 좋아합니다. 그러나 달공이가 모서리나 귀퉁이에 앉아 있을 때 저희 부부는 아슬아슬하게 가슴 졸일 때가 많습니다.

"왜 중앙에 앉지 않고 모서리에 앉지?"

아내에게 묻자 아내도 미스터리라고 말합니다. 가장자리를 좋아하는 고양이 달공이와 저 사이의 공간에는 늘 여백이 있지만, 그 사이를 여기까지가 내 자리이고 저기까지가 네 자리라고 딱 나눌 수 없다는 생각도 듭니다. 서구의 합리주의에 따라 행동하자면, 고양이의 공간과 제 공간을 온전히 분리하고 제대로 공부하는 방법도 있겠지만, 제 옆에는 고양이가 늘 어른거리고 서식합니다. 특히 겨울에는 온돌매트 위에 앉듯이 노트북 키보드 위에 달공이가 딱 자리를 잡고 있습니다. 중요한 글을 쓰는 도중에 노트북을 점거당하기라도 하면 당황스럽습니다. 그럴 때마다 "달공아, 이러면 안 돼"라고 말하면서 비키게 하지만, 그때뿐이고 한 바퀴 빙그르 돌고는 다시 그 자리에 돌아옵니다. 사실 지금 이 책의 집필도 고양이와 밀고 당기는 한판 씨름을 한 후에 생기는 잠깐의 여백과도 같은 때에 이루어지는 중입니다. 그러나 제 주변을 서성거리는 달공이가 그리 싫지만은 않습니다. 제 작업이 달공이와의 협업에 가깝다고 생각하면 그 의미가 새롭기도 합니다. 달공이도 제 글 작업을 어느 정도 파악한 듯 키보드 소리에 맞춰 꼬리를 살랑거리고, 오며 가며 자판을 눌러서 분량까지 늘려 주니 참 고마울 따름이지요.

한 번은 제가 세미나 발제문을 쓰다가 내용을 전부 날린 적이 있습니다. 세미나 시간이 다가와 곧 사람들이 몰려오기 직전이었습니다. 아슬아슬하게 겨우 다시 정리해서 인쇄하려는 찰나, 달공이가 뭔가를 눌렀는지 노트북이 작동하지 않았습니다. 저는 달공이를 야단치지 않고 이 상황을 어떻게 해결할까 생각하다가 그냥 세미나 자리로 이동했습니다. 하나둘 사람들이 모여들었고, 그중 한 사람이 "발제문은 어떻게 되었죠?"라고 묻더군요. 저는 더듬더듬 "노트북이 고장 나서 완성을 못 했어요"라고 조그맣게 얘기했습니다. "고양이 달공이 때문이에요!"라고 고발하듯 얘기하고 싶은 마음이 목구멍까지 올라왔지만, 궁색한 변명처럼 들릴 얘기인지라 차마 하지 못했습니다.

그런데 놀라운 일이 벌어졌습니다. 제가 그러한 궁지에 몰린 상황에서 내용 정리를 구두로 잘해낸 것입니다. 어쩌면 달공이가 호랑이 같은 용기를 준 것 같다는 생각도 들었습니다. 달공이가 제 주변에 늘 어른거리고, 서성거리고, 일에 참견을 하지만, 마치 수호천사와도 같이 큰 힘이 된다는 생각이 그때 들었습니다. 뒷배경이 되는 든든한 고양이가 있다는 사실이 마음의 지지대가 되어준 것입니다.

제가 공부하거나 독서하는 자리, 회의 자리에는 고양이들이 늘 서성거리고 있습니다. 그것은 일종의 제동장치와도 같습니다. 제가 어떤 일에 너무 몰두를 하고 앞으로 쏜살같이 달려가려고 할 때마다 고양이들이 늘 거기에 개입하여 일단 멈춤을 하도록 만든 다음, 제 주변과 가장자리를 살피게 합니다. 그래서인지 고양이 달공이의 방해 공작이 그리 싫지만은 않았습니다. 고양이가 늘 가까이에 있다는 사실은 제가 하는 일의 동기이면서도 도달해야 할 목표이기 때문입니다. 그 일이란 생명 평화 세상을 만드는 것입니다. 그렇기 때문에 저는 제 일과 달공이의 일을 명확히 구분하지 않고, 저의 일에 달공이가 개입하여 난장을 피워도 덤덤해지게 되었습니다. 이따금씩 물컵을 뒤집거나 노트를 엉망으로 만들어 도, 저는 도(道)를 닦는 사람처럼 달공이를 덤덤하게 대할 수 있었습니다. 왜냐하면 달공이가 벌이는 일도 제가 하는 일처럼 경계가 모호하다는 생각에서였습니다. 달공이가 사고를 치는 것은 내 안의 아이, 생명, 소수자들이 벌이는 한판의 난장과도 다르지 않기 때문에 딱히 화를 내거나 야단칠 일이 아니라는 생각도 들었습니다. 달공이 역시 몇 번의 실수 이후 아무 일도 아니라는 듯이 저의 무릎 위에서 잠자는 것으로 소동을 마무리하지요.

가장자리 효과, 구별과 식별이 아닌 흐름

고양이와 저 사이에 명확한 구분이 있다면 얼마나 삭막하고 경직된 세상일까요? 달공이는 저와 상관없는 고양이일 뿐이고, 저도 달공이에게 아무런 영향을 끼칠 수 없는 존재겠지요. 하지만 현실의 고양이와 저 사이에는 다채로운 사건이 숨어 있고, 사랑과 욕망, 돌봄의 흐름이 스며들어 있습니다. 달공이와 저의 가장자리에서는 늘 색다른 사건이 일어납니다. 달공이가 사고를 일으킬 때마다 집사로서의 제 역할은 새롭게 더해집니다. 이를테면 달공이가 책상 위의 물컵을 뒤집어엎는 사고를 일으킬 때마다 걸레질이 부가됩니다. 달공이가 노트를 찢어놓으면 그것을 스카치테이프로 붙이는 일이 부가됩니다. 달공이가 똥을 화장실 모래 밖으로 내던지면 저는 그 행위에 대해서 약간의 주의를 준 이후에 똥을 치웁니다. 달공이의 일거수일투족에 따라 저는 집사의 역할을 다하면서 달공이를 아끼는 마음을 표현합니다. 치우거나 닦거나 하는 것은 달공이가 수행한 하나의 퍼포먼스에 따른 부수 동작일 뿐이기에 저는 그것이 싫고 귀찮지 않습니다.

A와 B를 명확히 구분하는 것을 합리주의라고 합니다. '이것은 이것이고, 저것은 저것이다'라는 합리주의 논증에서 '이것일 수도 저것일 수도'라는 식의 논리는 궤변으로 보일 것입니다. 그러나 그런 논리를 견지하면 달공이와 저 사이의 가장자리 영역에서 달공이이면서 저인 혹은 저이면서 달공이인 식별 불가능한 흐름의 영역이 생깁니다. 그것은 아마도 고양이 되기의 과정일 테지요. 제가 고양이일 수도, 고양이가 저일 수도 있는 흐름의 지평이 열리는 것입니다. 마치 장자의 호접몽(胡蝶夢) 일화에 나오는 내가 나비인지, 나비가 나인지 모를 물아일체(物我一體)의 지평이 고양이와 저 사이에서 벌어지는 것이지요. 그것은 역지사지(易地思之)의 논리에 따라 제가 고양이의 입장이 되어보는 것이라고도 볼 수 있겠지만, 그것을 훨씬 뛰어넘는 영역에 고양이 되기가 위치한다는 생각이 듭니다. 그 과정에서 고양이와 저 사이에 놓인 가장자리 배치에서는 뜨거워지고, 춤을 추고,

노래를 하고, 발언을 하는 주체성들이 등장합니다. 우리의 곁, 가장자리, 주변에 들러붙어 있는 사랑과 욕망을 바라보지 못하면서, 사랑과 욕망에 대해서 어떻게 안다고 할 수 있을까요?

사랑과 욕망은 정중앙에 본질을 적시하는 것이 아니라, 주변, 곁, 가장자리에 흐름을 관통시키는 행위라고 생각됩니다. "나는 너를 사랑해"라고 단언하는 것이 아니라, 그 사람의 주변을 아끼고, 돌보고, 정돈하고, 정리해주는 등의 행동양식을 바로 사랑이라고 할 수 있겠지요. 그 사람을 알려면 그 사람의 주변을 보라는 얘기처럼, 늘 주변 어딘가에 그 사람의 사랑과 욕망이 자리 잡고 있습니다. 더욱이 고양이와 나 사이는 고양이의 본질과 나의 본질의 만남도 아니고, 기능과 기능의 만남도, 역할과 역할의 만남도 아닙니다. 저의 대륙과 고양이의 대륙이 접촉 경계면에서 마주쳐서 산을 이루고 고원을 이루는 식으로 거대한 지평이 함께 공존하고 있지요. 그리하여 저는 제 주변의 고양이로부터 살아갈 의지, 무언가를 하고 싶은 욕망, 누군가에 대한 사랑을 느끼게 됩니다.

이렇듯 가장자리는 사건의 지평이고 강렬도의 지평입니다. 생태학에는 가장자리 효과라는 개념이 있습니다. 그에 따르면 산과 들, 바다와 육지, 숲과 들, 사막과 초원 사이에 놓인 가장자리가 가장 강렬도가 높으며 생명이 창발하기 좋은 환경이라고 합니다. 이를테면 바다와 육지가 만나는 곳에서 밀물과 썰물이라는 강렬한 움직임이 반복되고 그 속에서 생명이 발아하고 창발된다는 것이지요. 우리가 어떤 행사나 회의를 할 때, 중앙에 앉아 있는 사람들에 주목하기보다는 가장자리에 앉아 있는 사람에 주목할 필요가 있습니다. 문 옆, 회의장 주변에 위치한 사람들이야말로 독특한 생각을 품기에 좋은 환경에 있기 때문입니다. 저는 연구실에서 세미나가 열리면, 늘 탁자 주변을 어슬렁거리는 고양이들의 상태에 촉각을 곤두세웁니다. 혹시 고양이들이 다치거나, 싸우거나, 숨거나, 울거나 하지 않는지 늘 살피며 주변에 있는 고양이들에게 신경을 쓰는 것이지요. 이따금 고양이들 중 하나가 울면 그 우는 이유에 대해서 곰곰 생각해봅니다. 고양이가 우는 것은 분명 하고 싶은 이야기가 있다는 표현임이 분명하기 때문이지요.

가장자리 효과를 다른 말로 한 번 더 바꾸어보자면, 문명의 가장자리에 놓인 고양이가 던져주는 메시지라는 생각도 듭니다. 동물은 우리 사회의 최말단에 위치한 약자입니다. 따라서 고양이가 행복한 세상은 아이와 장애인, 소수자 등도 행복한 세상일 것입니다. 가장자리에 놓인 생명으로서의 고양이가 절규하고 슬퍼한다면, 그것은 문명의 위기일 수밖에 없습니다. 생명이 잘 살 수 없는 환경은 인간도 잘 살 수 없기 때문입니다. 그런 점에서 세미나 자리에서 고양이가 서성거리는 모습을 볼 때면 가장 강렬도가 높은 가장자리에 생명이 함께하고 있다는 느낌을 받습니다. 고양이는 자신의 이익이나 이해에 따라 행동하지 않으며, 탐욕에 따라 움직이지도 않습니다. 가장자리를 서성거리는 생명은 무언의 춤사위와 같이 그 관계망의 강렬도에 따라 반응하고 그 느낌과 정동, 활력과 생명 에너지의 흐름과 함께 할 뿐이지요.

가장자리 상황 논증

생명윤리학자 피터 싱어는 '유인원 계획'이라는 프로젝트를 통해 인간에 가까운 지능을 가진 존재, 특히 6세 아동 정도의 지능을 갖고 있는 유인원부터 동물 실험을 근절하자고 나섰습니다. 그것은 생명윤리학과 생태철학에 파문과 논쟁을 불러일으켰던 가장자리 상황 논증이었습니다. 가장자리 상황 논증은 인간과 동물의 경계가 분명하게 구분될 수 없다는 점에 대한 논증입니다. 이를테면 아이큐를 척도로 할 때, 6세 아동의 지능을 지닌 유인원과 인간 간의 구분은 명확하게 이루어질 수 없습니다.

서구 합리주의가 표방하는 구별과 구분의 논리가 적용될 수 없는 영역은 이외에도 매우 많습니다. 우리 삶 대부분의 영역에서 명확한 구분이 불가능합니다. 이를테면 누군가 임플란트를 했다면 또는 의수를 한 사람이 있다면 어디까지가 그 사람일까요? 지팡이를 짚는 사람이나 혹은 휠체어를 탄 사람에게 있어 그 사람이라고 말할 수 있는 신체의 영역은 어디까지일까요? 가족이나 사회로부터 영향을 받아 자아를 형성해 나가는 개인은 어디까지가 고유한 그 사람일까요? 서구의 이성주의는 자연과 생명이 명확하게 구분된다고 주장하며, 이에 따라 앎을 추구하는 '인식론'이나 구별된 존재를 추구하는 '존재론', 구별된 논증을 추구하는 '논리학'이라는 구도에 따라 근대적 책임 주체의 합리성과 정당성, 이성의 우위 등을 얘기해왔습니다. 그러나 이러한 서구의 이성주의는 사실상 인간과 동물의 경계에 있는 유인원의 현존에 따라 흔들리게 되었습니다.

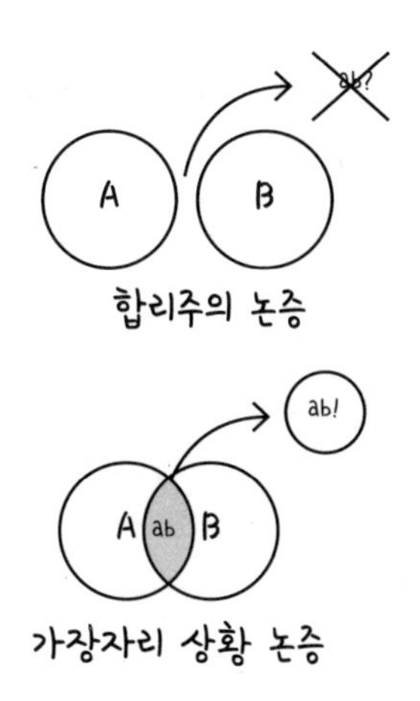

가장자리 상황 논증을 잘 보여주는 사례 중 하나는 바이러스입니다. 바이러스는 박테리아와 달리 신진대사 활동이 없어서 생명이라고 단언하기는 곤란하지만, 자기복제를 통해 증식하는 생명의 속성을 갖고 있지요. 그래서 바이러스가 생명의 영역에 있는지 사물의 영역에 있는지에 대해 끊임없는 논쟁이 있었습니다. 과학자들의 연구 결과, 바이러스는 정보 값만을 가지면서 증식하다가 생명에 이식이 되면 그 생명의 유전자를 변형함으로써 자신의 존재를 알린다고 합니다. 그렇다면 바이러스는 가장자리 상황 논증에서처럼 사물과 생명의 중간 지대에 있는 존재라고 할 수 있습니다. 바이러스가 생명인지 사물인지에 대한 논쟁은 가장자리를 명확하게 구분하려는 시도라는 점에서 무망한 일이 아닐 수 없습니다.

가장자리 상황 논증은 합리적인 논증을 추구하는 아카데미에서는 하나의 파문입니다. A와 B는 명확히 구분되어야 하는 것이 합리주의의 사유방식인 데 비해, A와 B 사이에 있는 AB 영역이 등장하니 말입니다. 이는 구별, 구분, 식별의 논리가 얼마나 취약한지를 밝히는 것이기도 합니다. A와 B 사이에, A도 아니고 B도 아닌 AB, 즉 사이주체성이 생겨날 여지가 여기에서 등장합니다. 사이주체성은 '나, 너, 그'로 통칭되는 책임 주체나 자아, 개인으로부터 벗어나 있는 주체성 양상입니다. 사이주체성은 학자들마다 조금씩 다르게 불리기도 합니다. 가다머(Gadamer)와 같은 해석학자는 상호주관성, 전남대 김상봉 교수는 서로주체성이라고도 칭합니다.

주체성이 무엇이냐고 묻는다면, 그것은 너일 수도 나일 수도 있다는 선문답과 같은 대답이 나올 수밖에 없습니다. 공동체 안에서 웃음이 번질 때 그것이 누구로부터 시작되었는지는 중요하지 않습니다. 그저 욕망과 정동이 갖고 있는 강도, 밀도, 온도, 속도에 따라 웃음 바이러스가 번지고 이내 너나없이 배꼽을 쥐니 말이지요. 더욱이 생명과 자연이 어우러진 공동체에서의 사이주체성 양상은 인간/비인간의 영역을 넘나듭니다. 달공이가 세미나실 탁자 위에서 발라당 퍼포먼스를 벌이면 사람들 모두가 웃음을 터트리는 것처럼 말이지요.

서구의 합리주의와 이성중심주의 세계관은 책임 주체에 대한 사유를 아카데미를 통해 발전시키면서, 사이주체성과 같이 인간, 동물, 자연, 미생물, 기계 등과의 혼재면(混在面) 현상이 일어나는 것을 철저히 봉쇄하려고 했습니다. 이에 따라 서구의 이성주의가 기반으로 삼는 인식론, 존재론, 논리학 등의 구도는 반생명적인 발상을 전개하기 위한 도구적 이성의 이론적인 수단에 불과했을 뿐입니다.

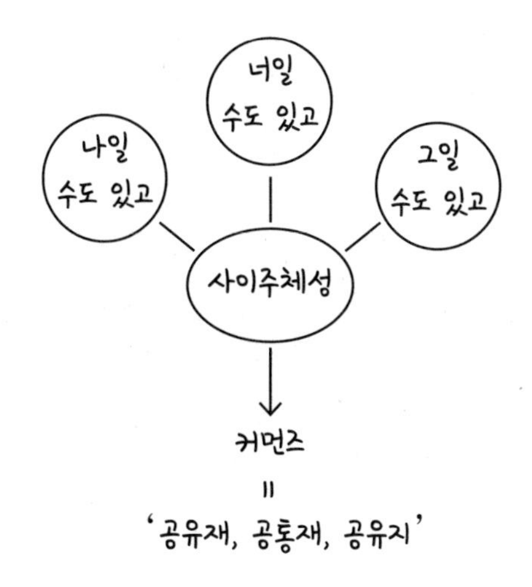

가장자리 상황 논증은 네 것, 내 것이라는 소유권으로부터 벗어난 중간 현실로서의 '커먼즈(commons)'가 있음을 얘기합니다. 커먼즈는 공유재, 공통재, 공유지 등으로 불리기도 합니다. 다시 말해 커먼즈는 공동의 소유이면서 공동의 규약 속에서 관리되는 재화라고 할 수 있습니다. 네 것도 아니고 내 것도 아닌데도 나에게 편의와 풍요를 주는 재화에는 무엇이 있을까요? 물, 공기, 삼림, 하천, 갯벌, 오픈 소스 등이 그것입니다. 공동체는 가장자리 상황 논증처럼 명확히 개인의 것으로 소유권을 식별할 수 없는 공유재에 기반해 발전해 왔습니다. 공유재는 마음대로 쓰고 오염시켜도 되는 것이 아니라, 공동체의 자주적인 관리와 통제에 따라 운영되어야 하는 것이기도 합니다. 하지만 시장의 영역은 끊임없이 공유재에 대해서 약탈, 채굴, 추출하려고 시도해 왔습니다. 공동체의 소유인 공유(共有)를 국가 소유인 공유(公有)와 구별하지 못했던 기존 국가 사회주의 논리와 국가 만능주의도 문제입니다. 시장 만능주의와 국가 만능주의는 둘 다 합리주의적이고 이성중심주의적인 방향성에서 설계된 현존 문명의 작품들입니다. 오늘날 이 둘 모두 합리주의가 갖고 있는 관계망 없는 제도의 한계에 봉착해 있는 상황이고, 이에 대한 탈주로로서 커먼즈가 다시 부각되고 있습니다.

저희 연구실 '철학공방 별난'을 세미나에 참여하는 사람들 모두와 공유재화 하면 어떨까 하는 문제에 대해 아내와 상의해본 적이 있습니다. 아내는 공유 공간에서 고양이들의 배치가 애매해진다는 점을 걱정하면서, '철학공방 별난'은 일단 부부의 공동 작업실로 두자고 말했습니다. 공유 공간에서의 고양이들을 어떻게 돌보고 책임져야 하는지에 대한 애매모호함은 몇 번의 고양이 탈주 사건에서도 뼈저리게 느꼈던 바이기도 했습니다.

고양이들은 누구의 소유도 아닙니다. 저희 부부의 사적 소유물도 결코 아니지요. 그러나 고양이들의 안위를 걱정하는 저희들로서는 고양이들을 가족 공동체의 구성원 중 하나로 보아야 책임감이 생길 것이라고 생각했습니다. 그런 맥락에서 저는 반려동물 등록제를 적극 찬성하는 입장입니다. 세금 문제가 수반되겠지만, 동물에 대한 책임과 배려로서 반려동물이 가족 구성원의 일부로 자리 잡아야 한다고 생각하기 때문입니다. 그러나 생명 그 자체는 코드화 된 제도의 가장자리에 위치하는 것이 분명합니다. 제도 안에서 보호되어야 하겠지만, 제도를 넘어선 생명의 야성성 역시 존재하니까요.

곁, 주변, 가장자리에 서식하는 생명들

저는 달공이의 수줍고 겁 많은 성격이 못내 안타깝습니다. 세미나 내내 작은 책상 뒤쪽에 숨어 있으면서 낑낑대기도 하고, 수많은 쉬운 길을 놔두고 어려운 길을 선택해서 묘기하듯 아슬아슬하게 걷기도 하고, 중앙이 아닌 가장자리와 모서리에 불편하게 앉아 있는 모습이 측은합니다. 단호하게 '나는 이걸 원한다', '나는 누구다'라고 나서서 표현했으면 좋으련만, 늘 가장자리의 존재로서만 자신을 확인하는 달공이입니다.

달공이는 무대에 강하지 못합니다. 마치 학예회나 공연장에서 더듬거리고, 비비 꼬고, 안절부절못하며 사람들의 시선이 집중되면 허둥지둥하다가 얼른 숨어버리지요. 그런 모습이 제가 가진 모습 중 하나인 것 같다는 생각도 듭니다. 이렇게 가장자리에 있는 달공이는 사실 저의 마음에서는 정중앙에 있다고 해도 과언이 아닙니다. 늘 가장자리에 있는 존재들이 더 소중하고 안타깝고 측은하게 느껴지며 마음속에 더 깊게 자리 잡는 것은 인지상정인가 봅니다. 그것은 확실한 언변과 명확한 행동으로 자신을 표현하지 못하는 소수자, 생명, 아이들의 모습입니다. 그래서 더 돌봄과 사랑의 마음을 쏟게 되는가 봅니다.

달공이는 아까부터 계속 새로 들인 마따따비 막대에 관심이 쏠려 있습니다. 그 냄새에 약간 취했는지 비틀거리기도 하고, 끌어안고 있기도 하고, 우다다도 하면서 흥분을 감추지 못하고 있습니다. 가장자리에서 달공이가 재미있게 노는 소리는 가장자리가 가장 강렬한 곳이라는 점을 잘 알려줍니다. 어쩌면 달공이의 가장자리 어디쯤에 저도 위치하지 않을까 하고 마음속에 지도를 그려보는 오후입니다. 늘 가장자리에 존재하는 고양이 달공이가 건강히 잘 지냈으면 합니다.

Lesson 17

삶의 새로운 역사가 쓰이는 순간

•

반(反) 기억 생성

반기억 생성은 기억과 의미 속에 선형적으로 놓인 역사 속 행동이 아니라, 의외의 사건이 만든 반역사적인 행위양식을 가리킵니다. 특히 여성의 역사, 동물의 역사, 소수자의 역사는 반기억 생성으로 표현됩니다. 이를테면 원점회귀적이고 눈에 보이지 않는 살림의 시간은 역사로 표현되지 않습니다만, 생명을 살리기 위한 근원적인 행위양식인 것은 분명합니다. 이번 수업에서는 반기억 생성이 생명 살림으로 향할 수 있는 색다른 시간과 사건을 열어젖힌다는 의미로 사용되었습니다.

모모는 사람을 가리는 까다로운 고양이입니다. 엄마라고 철석같이 믿고 따르는 제 아내 외에는 좀처럼 사람에게 다가가지 않으려 하기 때문입니다. 저에게조차도 약간 거리감을 두는 기색이 완연합니다. 기분이 아주 좋을 때만 슬쩍 다가와 아는 척을 해주지 평소에는 저를 그저 '똥이나 치워주는 하찮은 집사'로 취급하곤 합니다. 물론 낯선 사람에게는 더 가혹합니다. 누군가 저희 연구실로 들어오면 겁에 질린 표정을 하고는 구석으로 달려가 숨기 바쁩니다. 낯선 사람의 방문 때문에 하루 종일 아내의 책상 밑에 들어가서 안 나온 적이 있을 정도지요. 아깽이였을 때에는 애교도 꽤 많았는데, 중성화 수술 이후로 그렇게 사교성 제로의 녀석이 되고 말았습니다.

어릴 때의 모모는 낯선 사람들이 모인 세미나실에 나와서 호기심을 곧잘 분출하곤 했습니다. 탁자 밑을 돌아다니며 사람들의 발냄새를 맡기도 하고, 간혹 끈 달린 가방을 가진 이가 있으면 그 옆에서 한참 동안 끈으로 장난을 치기도 했지요. 물론 무릎으로 모시는 것은 오직 아내에게만 허락된 영광이었습니다. 그러던 어느 날, 세미나 구성원 중 한 분의 무릎에 모모가 덜컥 올라가버린 사건이 발생했습니다. 고양이를 좋아하지만 자녀의 알레르기 때문에 키우지는 못한다면서 저희 연구실 고양이들을 유난히 공들여 쓰다듬어주곤 하던 분이었습니다. 그분은 모모가 한창 아팠을 때에는 옆에서 한결같이 관심을 주고, 그 이후 볼 때마다 상냥하게 인사를 건네곤 했죠. 그것을 기억하는지 모모는 그분의 냄새와 얼굴을 한참 동안 확인하더니 무릎 위로 뛰어올랐습니다. 그러고는 그 무릎 위에서 잠들어버렸습니다. 그분은 감동한 표정으로 조용히 모모의 몸무게와 체온을 느끼는 듯했습니다.

그러나 이후 모모에게 몹쓸(?) 사춘기가 와버렸고, 수줍음과 부끄러움에 겨운 나머지 모모는 사람들 앞에 몸을 잘 드러내지 않는 내성적인 고양이가 되어버렸습니다. 그분은 가끔 "모모는 오늘도 방 안에 있는 모양이네요" 하며 아쉬움을 표하곤 했습니다. 계절이 한 번 두 번 바뀌었고, 그사이 모모의 몸무게는 거의 과체중에 접어들 정도로 늘어났습니다.

그러던 어느 날, 그분이 꽤 오랜만에 세미나에 참석하러 나온 날이었을 겁니다. 그가 모모를 한번 볼 수 없겠냐고 조심스레 묻기에, 저는 모모가 들어가 있던 방문을 살짝 열어주었습니다. 문을 열자마자 모모는 거의 반사적으로 앉아 있던 소파에서 튀어오를 듯이 몸을 날렸습니다. 그때 그분이 "모모!" 하고 조용히 이름을 불렀습니다. 그러자 방구석을 찾아 도망가던 모모가 갑자기 멈추더니 몸을 돌려 그의 얼굴을 찬찬히 살펴보는 게 아니겠습니까! 이윽고 모모는 그에게로 한두 걸음 다가왔습니다. 그분이 손을 내밀자 모모는 그 손끝에 코를 대고 킁킁 냄새를 맡았습니다. 그 이상 더 다가오지는 않았지만 경계심은 완전히 풀어진 상태였고, 어쩐지 그분을 바라보는 모모의 눈빛이 아련하게 떨렸습니다. 그분도 "잘 지내는구나. 그새 살도 많이 졌네" 하고 인사를 건네며 빙그레 웃었습니다. 어쩐지 마술에 걸린 듯한 순간이었습니다.

모모의 기억력은 이처럼 긍정적인 부분뿐만 아니라, 부정적인 징크스의 영역에도 걸쳐 있습니다. 저의 어머니께서 이따금 연구실에 찾아와서 책을 읽다가 가실 때가 있습니다. 그때마다 모모는 하루 종일 책상 뒤편 깊숙한 곳에 숨어서 바들바들 떨었습니다. 왜 그랬는지는 알 수 없는 일이지만, 엄청난 두려움과 공포를 느끼는 듯했습니다. 당사자인 어머니조차도 "왜 그럴까? 내가 뭐라 한 적도 없고, 하다 못해 꼬리를 밟은 일도 없었는데?"라고 의문을 표하곤 하셨습니다. 모모는 음성과 채취, 뉘앙스와 분위기로 자신에게 이로운지, 해로운지를 판단하는 것 같았습니다. 그러나 그 판단은 순전히 랜덤으로 이루어졌습니다. 다만 세미나실에서 남성의 굵은 목소리가 들리면 그 사람을 기억해두었다가 절대로 방 밖으로 나오지 않는 것으로 보아 대체로 조용하고 차분한 여성의 목소리를 선호하는 것이 분명했습니다. 그럼에도 불구하고 어머니에 대한 태도는 미스터리한 부분이 많았지요. 저는 대심이로부터 집사로 간택되기 전까지 당연히 인간이 고양이를 선택하는 것으로만 생각했습니다. 그 고정관념이 깨졌던 것은 고양이가 먼저 인간을 간택하여 그 집에 터를 잡고 지내는 경우가 꽤 많다는 사실을 알고 나서입니다. 묘하게도 고양이는 자신이 갖고 있는 촉과 느낌으로 각각의 인간에 대해서 정확히 기억해 낸다는 것도 알게 되었습니다.

언젠가 집안 대소사 때문에 연구실에 이틀 정도 가지 못한 적이 있습니다. 오랜만에 문을 열고 들어가자 어린 고양이들은 저희를 기억하지 못했는지 구석으로 숨어버리더군요. 그때 아내가 차분히 다가가서 "모모야, 나야!"라고 얘기해주자 경계의 눈빛을 풀고 다가와 머리를 부벼댔습니다. 과연 고양이들은 어떤 기억력을 갖고 있는 걸까요?

고양이의 장기 기억과 단기 기억

고양이들이 단기 기억 중심으로 살아간다는 사실은, 특유의 공간 연출 능력으로 나타납니다. 만약 자신의 거주지에 대한 장기 기억을 갖게 된다면, 자신의 공간에 너무 익숙해져서 비좁은 공간이라고 느낄 여지가 높습니다. 장기 기억은 의미화로 이끄는 서사적인 기억입니다. 그것은 마치 교장실에 붙은 역대 교장 선생님들 사진의 선형적인 배열처럼 뭔가 지속되고 연속되고 있다는 점을 드러내는 역사적 의미를 추구합니다. 즉 특정한 장소에 대해서 '~은 ~이다'라고 식별하고 거기에 고정된 의미, 역사적이고 서사적인 이야기 구조를 부여하는 것을 의미합니다. 고양이들에게는 그런 역사적 의미를 느낄 능력이 없지요.

대신 고양이들은 매번 자신의 공간을 새롭게 볼 능력을 갖고 있습니다. 단기 기억은 그것을 연속이나 지속으로 바라보면서 규정하는 것이 아니라, 늘 잠깐 동안의 사건이 출현하고 생성되는 것으로 바라봄을 의미합니다. 인터넷과 같은 네트워크상에서 유통되는 기억의

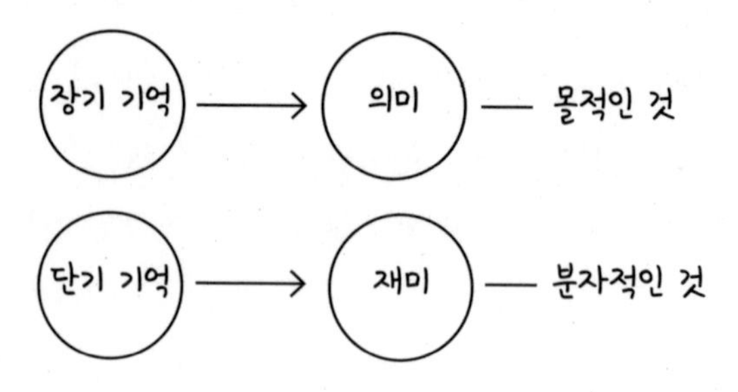

방식은 대부분 단기 기억 중심의 영역에 있습니다.

들뢰즈와 가타리는 《천 개의 고원》의 〈리좀〉 장에서 장기 기억과 단기 기억에 대한 단상을 밝힙니다. 장기 기억은 '의미'로, 단기 기억을 '재미'로 본다면 쉽게 이해될 겁니다. 장기 기억은 의미 있고 가치 있는 일, 이를테면 노동에 아로새겨져 있습니다. 의미가 있어야 가치가 발생되고 이에 따라 과업이 지정되는 방식인 것입니다. 의미와 일은 하나의 모델에 집중하고 수렴되는 특징을 보입니다. 반면 단기 기억은 재미와 놀이에 해당합니다. 재미있는 놀이는 망각과 동의어라고 할 수 있습니다.

여기에 의미가 달라붙으면 흥미가 뚝 떨어져버리지요. 놀이의 방식은 여러 모델을 넘나드는 방식을 따릅니다. 2~6세 아동에게 코끼리 코 만들기 놀이를 시키면 금방 병원 놀이, 기차 놀이, 터널 놀이 등으로 놀이의 모델을 바꿉니다. 아이들처럼 여러 모델을 이행하고, 횡단하면서 자꾸 놀이의 형태를 바꾸는 것이 놀이의 속성입니다. 그런 맥락에서 들뢰즈와 가타리는 의미와 일 모델을 몰적인(molar) 것이라고 규정하고, 재미와 놀이 모델을 분자적인(molecular) 것이라고 봅니다. 화학에서 몰은 질량의 최소 단위이고, 분자는 속성의 최소 단위입니다. 몰이 보다 식별 가능하고 응고되어 있다면, 분자는 속성은 갖지만 유연하고 유동적입니다. 물론 단기 기억 속에도 장기 기억이 있고, 장기 기억 속에도 단기 기억이 있는 걸 보면 서로 보완적이고 의존적인 면모도 농후합니다. 긴 노동 끝에 동료와의 따뜻한 휴식 시간이 있고, 재미있는 놀이 끝에 하루의 의미를 찾고자 하는 열망이 있듯 말입니다.

고양이는 의미와 일을 알지 못합니다. 고양이에게 노동을 시키거나 회계장부를 쓰게 하거나 역사 수업을 듣게 할 수는 없습니다. 고양이들은 놀고, 뛰어 다니고, 이런저런 수선스러운 활동을 할 뿐입니다. 단기 기억을 갖고 있기 때문에, 늘 여러 놀이 모델을 넘나들 수 있는 것이지요. 조금 전까지 휘두르던 작은 끈은 사냥감이 되고, 자신에게 굴러오는 천 뭉치는 꾹꾹이의 대상이 되고, 주변 환경은 시시각각 변하는 사냥터의 지형지물이 됩니다. 고양이는 자신의 비좁은 공간을 늘 새롭게 연출할 능력이 있습니다. 고양이들에게 자신의 방이나 집은 병원, 놀이터, 사냥터, 병영, 운동장 등 여러 모델이 생성되고 사라지는 곳입니다. 그래서 고양이들은 비교적 좁은 곳에서도 잘 적응하고 살 수 있습니다. 물론 놀이를 할 수 없는 공간인 경우에는 고양이들도 따분해하고 지겨워해서 밖으로 나가고 싶은 동기를 가지게 됩니다. 이런 경우에는 집사들이 나서서 공간 연출 능력을 극대화해줄 필요가 있습니다.

모모 역시 놀이에 타고난 재주꾼입니다. 그러나 묘하게도 아내의 존재에 대해서는 늘 중요한 의미를 두고 생각하는 것 같습니다. 어릴 적부터 수많은 단기 기억들로 아로새겨진 기억은 장기 기억이 될 수 있구나 하는 생각이 드는 대목입니다. 그러나 그것 역시 외부에서 의미와 가치를 부여하고 어떤 모델에 집중해서 생긴 것이라기보다는, 단기 기억들의 수많은 반복이 만들어낸 장기 기억입니다. 오늘도 모모는 아내의 품에 꾹꾹이를 하면서 눈을 감고 잠에 듭니다. 모모의 아내에 대한 장기 기억이 계속 지속되었으면 하는 바람이 듭니다. 아내를 엄마처럼 생각하는 모모는, 자신의 단기 기억을 실타래처럼 엮어서 어미를 향한 지속적이고 일관된 사랑의 흐름을 만들어내고 있는 모양입니다.

반기억 생성의 순간, 사건의 순간

단기 기억이나 장기 기억 외에도 기억과 관련해 얘기해볼 수 있는 부분이 반기억 생성입니다. 예상치도 못하고 기억에 없던 사건이 생성되는 순간을 반기억 생성의 순간이라고 합니다. 의외의 돌발적인 상황이나 아주 우발적이고 예상에 전혀 없던 순간이 사건의 지평으로 존재하는 것이지요. 모모에게는 그런 순간이 참 많았습니다. 아내가 배를 살살 만져주면서 배변을 도왔던 한 달여의 시간, 변으로 꽉 찬 대장이 중추신경을 눌러서 오줌을 흘리고 다니던 그 시절, 호박을 먹고 나서 완치되어 뛰어놀던 나날 등이 바로 그것입니다. 특히 호박이 혹시 도움이 될지 모르겠다던 수의사 선생님의 말을 들었던 순간은 엄청난 사건이었습니다. 그전까지 저희 부부의 기억에 의미 있는 것으로 기억되지 않았던 호박이 모모로 인해 색다른 의미를 갖게 되었고 저희는 색다른 행동에 나서게 되었습니다.

반기억 생성의 순간은 매번 발생하는 것이 아닙니다. 인생에 몇 번 찾아올까 말까 하지요. 그러한 사건은 삶을 요동치게 합니다. 삶의 궤도를 완전히 바꾸어냅니다. 완전히 다른 삶이 열리는 계기인 것이지요. 모모가 연구실 건물 앞에서 깡마른 몸에 눈곱을 덕지덕지 매단 채 엄청나게 큰 소리로 울던 그 순간은 저희 부부의 삶을 완전히 색다른 방향으로 이끌었습니다. 그 절박한 순간에 저희 부부는 '살려야 한다, 살려내야 한다'라는 강렬한 메시지를 삶을 통해 받아들였지요. 순식간에 우리의 삶은 바뀌었습니다. 그동안 조용히 책을 읽고 소일하던 저희 부부에게 전혀 없던 순간이 찾아든 것입니다. 그러한 반기억 생성의 순간이 찾아왔을 때 이를 자신의 삶을 변형하고 이행하게 하는 사건으로 온전히 받아들이는 것은 중요합니다. 이질적이고 색다른 현실을 보고도 못 본 척하고 넘겨버리는 것이 아니라, 이를 통해서 자신의 삶을 심원하게 변형하는 것이 가능하다는 점을 응시하고 직시하는 것이 필요합니다. 모모를 만난 후 저희 부부의 삶은 그 이전의 삶과 확연히 달라졌습니다. 완전히 다시 태어난 삶을 모모로부터 얻었기 때문입니다.

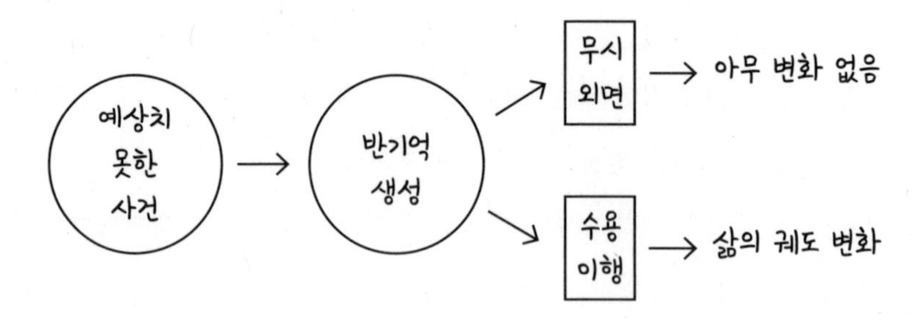

역사주의를 넘어 생명 살림으로

역사를 인간의 만든 드라마처럼 보는 시각이 역사주의입니다. 역사는 인간의 희로애락과 의미와 가치가 만든 하나의 커다란 드라마와 같을 수 있다는 생각이지요. 그러나 오늘날 인류의 역사는 지구의 생명과 자연의 파멸과 연속선상에 있었습니다. 비교적 따뜻하고 온화한 기후로 인해 인류와 자연, 생명이 공존하며 문명을 꽃피웠던 시기의 지구 환경을 홀로세(holocene)라고 한다면, 인류 문명이 산업문명으로 재편되어 성장과 진보로 폭주하면서 거대한 기후 위기를 초래한 시기를 인류세(anthropocene)라고 규정하자는 움직임도 있습니다. 인류가 자연과 생명과 공존했던 긴 시간은 불과 몇 백 년의 산업 문명을 거치는 동안 순식간에 파괴되어버린 상황입니다. 인류의 역사를 중심으로 사유하는 인간중심주의로서의 역사주의는 자연과 생명을 비롯해 인류에게 파멸적인 결론으로 나아가는 중입니다.

이에 따라 곳곳에서 전환사회의 전망이 제시되는 중입니다. 먼저 인간중심주의에서 생명중심주의로 이행하자는 움직임이 그것입니다. 생명중심주의의 '생명'에는 인간도 포함되어 있습니다. 우리는 인간을 무조건 암적 존재나 지구에 붙은 벼룩으로 취급하는 에코파시즘의 유혹에 대해서도 경계할 필요가 있습니다. 인간의 오만과 자만이 만든 육식 문명, 자동차 문명, 화석 문명, 핵 문명으로부터 전환사회로의 이행은 이제 출발점에 있습니다. 생명이 살 만한 사회적 환경은 결국 인간도 잘 살 수 있는 환경입니다. 그러므로 이제 역사주의를 통해서 인간중심적인 세계관과 역사관을 말하는 것은 기각되어야 합니다. 역사는 인간만이 만드는 것처럼 느껴집니다만 자연환경, 생명, 미생물, 사물, 기계 등이 인간의 역사에 큰 영향을 주었음을 기억해야 합니다. 서구의 역사 속에서 미생물이 인간에게 끼친 영향이 대단히 컸던 것이 하나의 사례입니다. 16세기 중남미 대륙을 강타한 천연두부터 유럽을 덮어버린 흑사병까지 말이지요.

인간과 생명이 공존해 온 역사에서 빼놓을 수 없는 대목을 꼽으라면 바로 반려동물과 함께 산 인간의 역사라고 할 수 있습니다. 생명과 공생의 가치가 그렇게까지 꽃핀 적은 없을 겁니다. 생명 살림이라는 긴 강의 흐름 위에 올라타서 생명의 경이로운 현실에 감동하고 감탄하는 것만이 능사가 아닙니다. 작은 생명을 살리기 위해서 생활 속에서 작은 실천들을 행하는 것도 필요합니다. 고양이들의 집사는 동물의 대리인으로서 자신의 위치와 배치를 분명히 직시할 필요가 있습니다. 길냥이들을 위해 밤늦게까지 골목을 헤매고 다니는 캣맘들 중에는 너무도 참혹한 장면들을 많이 보았기 때문에 채식을 시작하거나, 동물보호소를 만들거나, 동물단체를 설립한 분들도 있습니다. 지구별 고양이들의 현실이 우리를 생명 살림에 눈뜨게 하는 것입니다. 그것은 인간과 비인간들이 공존하고 조화를 이룬 역사의 시작을 의미합니다.

고양이, 순간이 영원인 시간

'모모에게 다시 그런 일이 생긴다면?' 이런 상상을 하면 아득해집니다. 저희 부부는 모모와 함께 하는 시간이 유한한 순간이라는 점을 늘 응시하고 있습니다. 철학에서는 무한성의 시간을 차이의 시간이라고 보고, 영원성의 시간을 반복의 시간이라고 봅니다. 그러나 제가 모모에게서 느끼는 시간은, 반복되지만 찰나 속에 영원성이 아로새겨진 시간입니다. 모모가 밥을 먹고 있는 시간, 놀고 있는 시간, 잠자는 시간이 반복되는 매 순간이 영원한 시간의 약속처럼 느껴집니다. 그것은 삶의 시간이며, 어떤 권력과 자본도 회수할 수 없는 존엄과 경외의 시간이지요.

아내는 모모가 이따금 다가와서 앞발로 의자를 탁탁 치며 물끄러미 바라보곤 하는 그 순간이 언제까지나 계속되었으면 좋겠다고 말합니다. 호기심 가득한 표정으로 지긋이 아내를 보는 모모의 모습이 마치 마음속 깊이 뭔가 할 얘기가 있다는 것만 같습니다. 모모는 아내에게 무슨 얘기를 하고 싶은 걸까요? 혹시 생명과 자연의 반기억 생성의 순간이 가진 비밀의 열쇠를 냉큼 건네주려는 것은 아닐까요?

긴 아픔과 고통 속에 있던 모모는 이제 아내의 품에 안긴 작은 아이가 되어 새록새록 잠에 듭니다. 모모의 아팠던 그 기억은 망각의 저편으로 사라지고, 오직 생성의 시간, 반기억의 시간, 창조의 시간으로 향합니다. 그렇게 작은 생명이 던져주는 색다른 약속이 새롭게 다가오는 오후입니다. 아내는 몇 년 전에도 그리고 지금도 똑같은 바람을 말합니다.

"잘 자라만다오, 모모."

반기억 생성의 지평은 늘 찾아오는 것이 아닙니다만, 우리는 주변에서 이미 그러한 순간을 접하고 있었는지도 모릅니다. 이를테면 길냥이들의 목소리에 섬세하고 주의 깊게 귀 기울이는 캣맘들의 용기 있는 행동이 그것이지요. 한 생명이라도 살려야겠다고 나서는 사람들이 우리 주변에는 참 많습니다. 이들은 거리를 횡단하며 반기억 생성의 순간을 창조해내고 있는 사람들인지도 모르겠습니다. 그들은 생명의 시간, 영원성의 시간과 이미 접속해 있습니다. 그래서 저는 캣맘들을 '순간을 영원처럼 사는 사람들'이라고 말하기를 좋아합니다.

Lesson 18

해방과 자유를 향한 아름다운 탈주

•

욕망

욕망(desire)은 탐욕과 갈애의 중간 좌표에 위치하는 것이 아니라, 우리 안에 내재한 생명과 자연의 능력이자, 활력입니다. 자연스러운 1차적 욕망이 억압되면, 굴절되고 변형된 2차적 욕망이 발생합니다. 억압을 욕망하는 마조히즘, 즉 파시즘이 도래하게 되는 것이지요. 욕망 해방은 생명과 자연의 해방이자 정동과 살림, 돌봄이 세상의 가장 근원적인 가치로 위치하게 만드는 원천입니다. 욕망 해방 운동은 68혁명으로부터 시작되어 지금도 진행 중인 혁명입니다. 이번 수업에서는 동물을 욕망의 존재로서 바라봄으로써 욕망 해방이 동물 해방이기도 하다는 점을 말하고자 했습니다.

“달공이가 도망쳤어요, 빨리 와주세요!”

동물병원 수의사 선생님의 목소리는 다급했습니다. 저희 부부는 동물병원에 달공이의 중성화 수술을 맡겨놓고 바로 옆 중국집에서 자장면을 시켜 먹던 참이었습니다. 제가 젓가락을 내던지고 황급히 달려가보니 수술대에서 도망친 달공이가 한쪽 구석에서 절규하듯 울부짖고 있었습니다. 워낙 덩치가 크고 힘이 센 녀석이라 수의사 선생님조차 감당하기 힘들었던 모양입니다. 제가 수술방에 들어가자 녀석은 제 얼굴을 알아보고 겨우 반가운 눈치를 보였습니다. 온갖 하소연과 두려움이 섞인 표정이었습니다. 저는 눈빛으로 달공이를 달랜 후 얼른 수건으로 얼굴을 덮어줬지요. 이윽고 재빠르게 마취 주사가 달공이의 어깨를 찔렀습니다. 녀석의 큰 몸에서 서서히 힘이 빠져나가고 녀석은 이내 주저앉았습니다. 그 과정을 보면서 저는 안타까운 마음, 미안한 마음, 측은한 마음이 들었습니다. 이상했던 것은 수술 이후에 달공이는 유독 저에게 잘 보이려고 노력을 하는 것이었습니다. 그럴 때마다 아내에게 묻곤 했습니다.

“혹시 거세 콤플렉스를 느끼는 걸까?”

그러나 언제나 낙천적이고 긍정적인 달공이에게 저는 콤플렉스의 대상이라기보다 어려운 상황에서 큰 힘이 되는 지지대와 같은 존재가 아닐까 합니다.

중성화 수술은 인간 사회와 고양이의 공존과 조화를 위한 일종의 통과의례 같은 것이라고도 할 수 있습니다. 생명이 종을 번식시키고자 하는 생식의 욕구는 자연스러운 것이지만, 그것이 삶을 좌지우지하게 할 수는 없는 노릇입니다. 그들의 욕망을 이해할 수 없는 바는 아니나, 생식의 결과를 집사가 온전히 책임지기에는 엄청난 어려움이 따르기 때문에 어쩔 수 없는 선택 중 하나라는 생각도 듭니다.

또한 생식의 욕구 때문에 집을 나가기라도 하면 고양이 자신도 열악한 현실에 내몰리는 결과를 가져올 수밖에 없습니다. 언젠가 생태주의자라고 자칭하던 사람이 반려동물이 중성화 수술을 받는 것은 자연스러운 욕망을 거세하는 인위적인 행태라는 점에서 반대한다고 말했습니다. 저는 곧바로 반박했지요. 그것은 몸에 털이 자라듯 저절로 자라는 것을 생명과 자연이라고 여기는 관점이며, 인간과 생명의 공존과 조화를 위해서는 하나의 사회와 제도를 형성하는 것이 오히려 더 생태적이라고 말이지요. 그 사람이 어떻게 재반박을 했는지는 기억이 나지 않습니다만, 그저 머쓱해했다는 느낌 정도만 남아 있습니다.

달공이에 이어 모모가 연구실에 들어오고, 모모가 아픈 상황이 일단락되자 새로운 문제가 대두되었습니다. 모모의 증상이 워낙 심하고 위중했다 보니 일단 살리고 보는 것이 중요했기 때문에 병원에서 스테로이드제를 다량으로 주입했고, 이로 인해 일찍 발정이 온 것입니다. 발정이 나자 모모는 "애애앵" 하면서 이상한 소리로 노래를 하기 시작했습니다. 활동량도 엄청나게 늘었지요. 특히 모모는 대심이를 엄청 따라다니고 귀찮게 했으며, 시시때때로 뒷덜미를 물려고 했습니다. 찾아보니 그것은 일종의 구애 행위였습니다. 모모의 심정은 이해되지만, 그대로 있다가는 연구실의 평화가 깨질 것만 같았습니다. 이윽고 중성화 수술 날짜를 잡았지요. 다행히도 중성화 수술은 잘 마무리되었고 그렇게 문제는 일단락되었습니다.

저희 부부는 연구실 인근의 길냥이들에게 종종 밥을 주었는데, 나중에 알고 보니 영양 상태가 좋아진 길냥이들이 번식을 하지 않도록 중성화 수술을 같이 해줘야 했습니다. 포획 틀을 어떻게 써야 할지, 어떤 절차를 거쳐 중성화 수술 일정을 잡아야 할지 잘 몰랐던 저희 부부는 연구실 인근의 예술가 캣맘과 만나면서 그 문제들에 대한 해법을 알 수 있었습니다. 그분은 길냥이를 포획한 후 중성화 수술을 한 뒤, 바로 서식하던 자리에 그대로 놔줄 수 있게끔 공무원에게 맡기지 말고 끝까지 책임져야 한다고 알려주었습니다. 중성화 수술 이후 10일 동안은 집 안에서 임시 보호를 하면서 혹시 있을 감염이나 질병을 예방하는 것까지 캣맘의 임무라고도 말했습니다. 예술가 캣맘은 연구실 인근 구역에 서식하는 길냥이 10마리 정도에게 중성화 수술을 해주었고, 앞으로도 여건이 허락되면 더 진행할 예정이라고 전했습니다. 그 이야기들을 듣고 있자니 왠지 부끄러웠습니다. 길냥이에게 사료를 주는 것으로 어느 정도 소임을 다하고 있다고 착각하고 있었는데, 그 책임이라는 것이 중성화 수술과 그 이후의 관리까지 포함한다는 것을 알았기 때문입니다. 저희는 아직 캣맘으로 직접 현장에 나서지 못한, 일개 고양이 집사에 불과하다는 점을 깨달았지요.

젠더 퀴어* 고양이, 대심이

대심이에게는 성별을 둘러싼 논란과 미스터리한 역사가 있습니다. 대심이는 처음 저희 연구실에 들어왔던 다섯 살 무렵에 암컷이라고 여겨졌던 까닭에 8년이 지나도록 '할머니 고양이'라고 불렸습니다. 게다가 수컷 모모에게 뒷덜미를 물리는 모습을 보았기 때문에 저희 부부는 대심이를 암컷이라고 볼 수밖에 없었습니다. 특히 살짝 돌아앉은 뒤태가 돌아가신 할머니께서 한복을 입은 모습과 정말 닮아 있었습니다. 늘 뽀얗고, 자기관리에 철저하고, 음악을 들으며 섬세하게 꼬리를 움직이는 모습들이 영락없이 암컷이었습니다.

그런데 한번은 연구실에 놀러온 고양이 집사 한 분이 대심이를 보더니 수컷이라고 하는 겁니다. 저희 부부는 대심이가 암컷이라는 사실을 한 번도 의심해본 적이 없었기에 그분이 지레짐작으로 그렇게 봤을 거라고 생각했습니다. 저희는 기억을 더듬어서 연구실 인근에서 서식하던 대심이의 일상까지도 되돌아 생각해봤지요. 그러나 아무리 생각해봐도 대심이는 암컷이었습니다.

그런데 언제부턴가 연구실에서 흉흉한 소문이 돌기 시작했습니다. 일명 대심이 수컷설이었지요. 소문의 시작을 추적해보니, 아내가 또봄이와 대심이를 비교하면서 시작된 일이더군요. 대심이는 수컷임이 확실한 달공이와 모모와도 달랐지만, 암컷인 또봄이와도 다른 것이 관찰되었습니다. 저희 부부는 엄청난 혼란에 빠졌습니다. 8년 동안 암컷으로 여기고 함께 살아왔는데, 한 번에 고정관념을 깨뜨리기

* 남성/여성이라는 기존의 이분법적 성별로 분류할 수 없는 성별 정체성.

어려웠습니다. 정확한 판별의 열쇠는 연구실에 자주 오시던 수의사 선생님에게 있었습니다. 수의사 선생님은 대심이를 잠깐 관찰하더니 "수컷인데 왜 헷갈리셨는지 모르겠다"라고 단호하게 말하였습니다. 그러면서 중성화 수술을 한 고양이라면 수컷이냐 암컷이냐는 무의미하다는 설명도 해주셨지요.

이렇게 대심이의 성별에 관련된 해프닝은 일단락되었습니다. 문제는 '대심이 언니'라고 이제까지 불러왔던 것을 철회하기가 무척 어려웠다는 사실입니다. 그래서 저희 부부는 대심이를 젠더 퀴어라고 생각하기 시작했습니다. 대심이는 수컷도 암컷도 아닌 영역에 있으며, 기존의 이분법적 성별로 분류할 수 없는 존재인 것이지요. 이는 중성화 수술 이후의 고양이 모두에게 해당한다는 생각도 들었습니다. 중성화 된 고양이는 여성성과 남성성 모두를 가지고 있다는 점이 드러났으니까요.

이 일을 계기로 저는 지레짐작으로 대심이를 암컷이라고 생각하고, 이를 고정관념화 했던 제 태도를 반성했습니다. 동시에 젠더적 관점을 통념으로 적용했던 저의 생각에 상당한 편견이 작용했음을 깨달았습니다.

여기에서 중성화 수술이 고양이의 자연스러운 욕망을 거세한 것이 아니냐는 논쟁에 대해서도 다시 생각해보게 됩니다. 고양이가 인간과 평화로운 공존을 하기 위해서는 늘 최선의 방법만이 있는 것이 아니고, 차악의 방법도 있다는 생각이 듭니다. 그런 점에서 인간의 돌봄을 받아야만 살아갈 수 있는 고양이들의 상황과 유전자를 남기고 싶어 하는 성욕 사이의 아슬아슬한 줄타기 속에 중성화 수술이 있지 않나 하는 생각도 듭니다.

욕망의 질문이 우리 삶을 구성하면

우리는 욕망이라고 하면 탐욕과 갈애의 이미지를 떠올리거나 삐뚤어진 명예욕이나 물욕 등을 떠올리기도 합니다.

욕망(desire)이라는 단어는 '별(sire)에서 떨어져 나온(de)'이라는 의미 좌표에서 연원한다고 합니다. 한마디로 별난, 즉 특이한 것이라는 의미겠지요. 욕망은 우리 신체 안의 활력과 생명 에너지이지, 게걸스러운 탐욕과 채워지지 않는 갈애가 아닙니다. 욕망이 발생하면 우리는 스스로에게 '내가 원하는 게 무엇일까?'라며 근본적인 질문을 던집니다. 욕망의 질문은 자신이 원하지도 않는 일을 하는 따분하고 무료한 과정으로부터 탈주하게 만드는 원동력이 됩니다. 삶의 질문, 욕망의 질문을 온전히 자신의 삶을 구성하는 원리로 만들 때 우리는 행복하고 살맛 난다는 느낌을 받게 됩니다.

고양이들은 인내하지 않습니다. 그들은 그저 욕망할 뿐이지요. 그래서 그 욕망이 너무나도 소중하고 아름다운 것입니다. 인간은 고양이의 욕망을 배려하고, 존중해줄 필요가 있습니다. 만약 고양이의 습성과 욕망을 무시하고 도외시한다면 그것은 집사로서의 본분을 망각한 것이기도 합니다. 동시에 고양이 집사는 욕망의 미시 정치가가 될 필요가 있습니다. 고양이의 욕망을 조절하고 재배치함으로써 늘 그

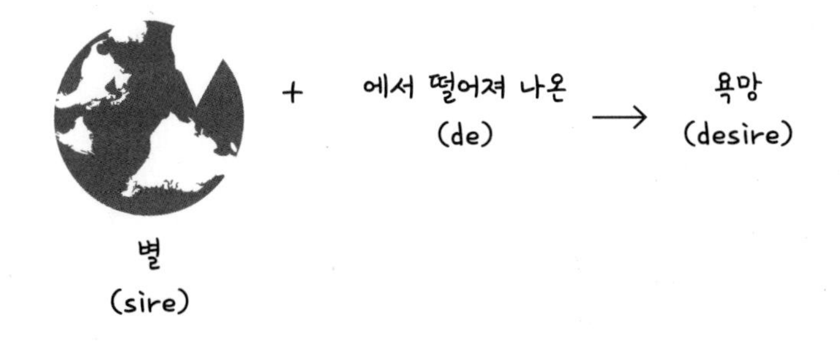

욕망에 적합한 주변 환경과 관계망을 만들 필요가 있기 때문입니다. 이를테면 대심이는 또봄이와 모모에게 쫓기는 것을 극도로 싫어해서 이를 피하고자 하는 욕망이 있기 때문에 집사인 저는 캣타워를 설치해주거나 의자 등의 재배치를 통해서 대심이의 욕망을 해결하는 등의 미시 정치를 행합니다.

저희 부부는 고양이 욕망의 미시 정치가로서 충실히 본분을 이행합니다. 만약 어떤 고양이만 편애하거나 우선권을 준다면, 고양이들이 불만을 표시하거나 싸움이나 다툼을 일으킬 소지도 있습니다. 고양이 간식을 줄 때에도 순번을 고려해서 줍니다. 고양이 장난감을 가지고 놀 경우에도 마찬가지입니다. 이를테면 모모가 아내의 사랑을 독차지하자 달공이의 모모에 대한 질투와 질시가 시작되었습니다. 이때 제가 나서서 달공이를 무릎에 앉혀 놓고 몇 시간이고 쓰다듬어주거나 달래주기를 해서 그 사태를 잘 마무리하는 것이지요.

생명이 욕망의 존재라는 점을 두고 이성을 지닌 인간보다 못하다는 비하의 시선을 보이는 경우도 있습니다. 그러나 생명은 욕망을 통해서 자신의 삶을 구성하고, 표현하고, 직조하는 능력을 갖고 있습니다. 오히려 인간이 이성이라는 이름으로 욕망을 억압하여 결국 '예속을 욕망하는' 파시즘으로 향하게 되지 않았나 진단하게 됩니다. 욕망이 자연스럽게 흐르고 전개되는 양상은 생명이 만든 관계망, 즉 생태계에서 늘 관찰됩니다. 우리의 욕망을 잘 들여다보면 결국 생명 평화 세상으로 가는 지름길도 거기에 함께 있음을 느끼게 됩니다. 우리가 생명과 공존과 조화의 길을 모색하려고 하는 것은 우리 안의 생명과 자연의 속성인 욕망의 입장에서는 매우 자연스러운 일입니다.

1차적 욕망과 2차적 욕망

저희 연구실에서는 고양이 사료를 자율급식 합니다. 처음에는 때맞춰 정해진 양을 주는 강제급식을 할까 생각도 했지만, 그것 자체가 먹거리에 대한 욕망을 너무도 키울 것이라는 생각이 들어 고양이들 스스로가 사료를 조절해서 먹게끔 유도하고 있습니다. 욕망은 금기시할수록 더욱 부풀어 오르고 커진다는 속성을 갖고 있습니다. 앞서 살펴보았던 생명 에너지이자 활력으로서의 욕망은 자연스러운 욕망으로, 1차적 욕망으로 불립니다. 그러한 욕망은 흐르고 순환할수록 더 긍정적인 활력과 에너지로 가득 찹니다. 만약 어떤 자리에 욕망이 생겼다는 것은 아주 좋은 신호입니다. 그 자리를 활력과 위트, 유머로 가득 찬 공간으로 만들 에너지가 발생되었기 때문입니다.

그런데 1차적 욕망에 금기가 적용되면 어떤 일이 생길까요? 예를 들어서 자율급식으로 사료를 마음껏 먹던 고양이들에게 강제급식을 하게 되면 당장은 몸무게가 줄어들지 모릅니다. 그러나 먹을 것에 대한 고양이의 욕망은 엄청나게 증폭될 것이고, 비만 고양이가 될 가능성이 높아질 것입니다. 저희 연구실 이야기를 해보겠습니다. 어릴 적 늘 배고픔에 시달렸던 또봄이는 유달리 식탐이 있습니다. 그러나 저는 자율급식의 철학을 갖고 있는 집사인지라 놀이와 운동을 통해서 살을 빼려고 할 뿐이지, 강제급식으로 선회를 하지는 않을 생각입니다. 다행스럽게도 최근 또봄이가 언제든 식사를 할 수 있다는 것을 눈치 채고 자율급식에 적응하여 살을 빼고 있는 중입니다.

오스트리아의 사회심리학자 빌헬름 라이히(Wilhelm Reich)에 따르면 1차적 욕망이 금기와 터부에 가로막히게 되면 2차적 욕망으로 변질된다고 합니다. 2차적 욕망은 변태적이고 굴절되어 있으며 탐욕스럽기 그지없는 욕망입니다. 자본주의적 욕망 대부분은 이런 2차적 욕망의 모습을 잘 보여주고 있습니다.

2차적 욕망으로서의 자본주의적 욕망은 더 나아가 예속에 대한 욕망으로 변질될 가능성이 농후합니다. 마조히즘(masochism)이 그것입니다. 스피노자는 그의 후원자였던 공화파 드비트가 군중에 의해 무참하게 살해된 것을 두고 '왜 인간은 예속을 욕망하는가?'라는 철학적인 화두를 던집니다. 스스로 지배당하려는 욕망은 종교의 허울을 쓰거나, 국가의 허울을 쓰거나, 자본의 탈을 쓰고 암적으로 민주사회를 침투해 들어옵니다.

질 들뢰즈와 펠릭스 가타리는 《안티 오이디푸스》에서 자본주의가 사실상 아버지라고 통칭되는 권력과 자본이라는 봉건제의 요소를 불철저하게 넘어섰기 때문에 민주주의를 분열적으로 가속화해야 한다는 해법을 제시하고 있습니다. 다시 말해 자본주의에서의 권력과 자본은 봉건제의 잔재이며, 민주주의의 가속화 없이는 이와 같은 지배양식에 대항하기 어렵다는 것이 그들의 생각이었습니다. 결국 '억압을 욕망하라'는 마조히즘은 미시 파시즘으로 변모하여 민주사회를 끊임없이 잠식해 들어오는 낡고 구닥다리에 불과한 예속과 지배의 영역이라고 할 수 있습니다.

그런 점에서 생명과 자연과의 공존과 조화의 사상을 담은 생태민주주의가 색다른 해법으로 등장하는 시기가 바로 생명 위기의 시대임을 알 수 있습니다. 에코 파시즘이나 생태권위주의의 해법은 그 당시에는 즉각적이고 효과적인 것처럼 보이지만, 사실상 자본주의적인 산업사회의 논리로부터 한 치 앞도 벗어나지 못한 해법입니다. 오히려 그러한 해법은 더 많은 문제를 파생시킵니다. 문제를 일으킨 장본인인 자본주의적 방법에서 해결책을 찾는 것은 '도둑에게 도둑을 잡으라' 하는 꼴밖에 안 됩니다. 민주주의의 가속화를 이루기 위해서 우리가 해야 할 일은 생명과 자연과 우리가 맺고 있는 배치에 주목하는 것입니다. 동시에 생명과 자연과의 배치를 재배치함으로써 아래로부터의 미시 정치를 통해서 생명 위기 시대의 해법을 찾아야 할 것입니다.

68혁명, 욕망 해방 운동과 고양이

생명이 갖고 있는 활력과 에너지를 해방시키자고 전 세계 젊은이들이 거리로 나선 일대 사건이 있었습니다. 68혁명이 그것입니다. 히피, 소수자, 생태주의자, 예술가, 채식인, 비트족, 노동자, 학생 등으로 식별되던 일군의 사람들은 자신의 욕망을 억압하고 있던 체제에 대해 생명과 자연의 반란을 기획하고 도모했습니다. 그들은 "왜 우리가 똑딱거리는 비루한 시간에 포섭되어 있는지 모르겠다", "금기를 금기하라!", "노동하지 말라!", "덧칠하지 말라, 이미 시스템은 썩었다"라는 슬로건을 들고 거리로 쏟아졌습니다. 엄청난 도전, 모험, 용기가 발휘된 사건이었습니다. 특히 장애인, 아이, 여성, 소수자들이 나서서 거리를 장악한 것은 68혁명이 처음이었습니다. 그것은 생명의 반란, 자연의 반란, 아이의 반란, 여성의 반란이었습니다. 68혁명은 아직도 꺼지지 않는 불꽃입니다. 장애인의 이동권 투쟁과 탈시설 운동에서, 아이들이 주도하는 탈학교의 거대한 물결 속에서, 여성들의 권리를 위한 투쟁에서, 동물 해방과 동물권을 위한 투쟁에서 68혁명은 여전히 지속되고 있습니다. 이는 영구 혁명(=영구 개량)의 과정과도 같습니다. 여전히 생명과 욕망에 대한 억압적인 문명이 존속되고 있기 때문입니다.

68혁명이 지금도 진행 중이라는 점은 무엇을 의미할까요? 어쩌면 고양이 집사들이 거리에서 외칠 판이 이미 깔려 있다는 얘기인지도 모르겠습니다. 고양이의 이름을 걸고 정치를 하면 어떨까요? 고양이의 이름을 걸고 거리에서 퍼포먼스 시위를 하면 어떨까요? 68혁명은 그것이 가능하다는 것을 보여준 역사적 사건입니다. 생명의 이름으로, 자연의 이름으로, 소수자의 이름으로, 우리는 발언하고 춤추고 노래하고 떠들 수 있습니다. 68혁명은 여전히 진행 중입니다. 68혁명은 미완의 혁명이며, 우리가 욕망, 사랑, 정동을 발휘해서 만들어나가야 할 혁명입니다.

얼마 전 어떤 분의 장례식에 가게 되었습니다. 조문을 가서 유가족 분들과 얘기를 하면서 그분이 걸어온 길에 대해서 같이 나누었습니다. 그때 한 분께서 이런 말씀을 하시더군요. "그분에게 고양이가 있었어요. 돌아가시면서 계속 그 얘기를 했어요"라고 말입니다. 그분은 자신이 죽으면 그 고양이는 어쩌나 걱정을 많이 하신 것 같았습니다. 돌이켜보니 고인은 세상에서 가장 의미를 둔 것이 생명이셨던 분이었습니다. 그분의 빈소를 나서서 길을 걷다가 어느 길냥이와 마주치던 순간, 문득 고양이와 함께 살아간다는 것은 어쩌면 우리 삶을 생태적으로 바꿀 작은 혁명의 시작일 수도 있겠다는 생각도 들었습니다. 삶의 의미와 가치를 생명과 자연에 두는 사람들을 주변에서 종종 만납니다. 그러한 분들은 자신을 드러내지 않습니다. 생명과 자연의 혁명은 조용한 혁명, 보이지 않는 혁명, 나 자신을 변화시키는 혁명이 아닐까 하는 생각도 드는 대목입니다.

에필로그

반려,
지구별에서 고양이와 끝까지
함께 한다는 것

"나 이사 가려고 해, 당분간은 자주 못 보겠네."

오래전 평소 친하게 지내던 지인으로부터 연락이 왔습니다. 갑자기 시골로 간다는 얘기를 듣고 무슨 일인지 걱정이 되었지만, 그의 어두운 목소리 때문에 당시에는 그 이유를 더 이상 물을 수가 없었습니다. 몇 년 후에야 그 이유에 대해 들을 수 있었습니다. 16년 동안 함께 지냈던 고양이가 무지개다리를 건넜기 때문이었지요. 마지막 순간에는 3시간 간격으로 주사를 놔줘야 했기 때문에, 밤새 타이머를 맞추어놓고 아내와 번갈아가며 주사를 놨다고 합니다. 그런 노력에도 불구하고 끝내 무지개다리를 건넌 고양이를 잊지 못해서 그와 그의 아내는 우울과 침울 속에 지내다가 급기야 멀리 이사를 간 것이었습니다. 저는 아내와 그 소식에 대해 얘기하면서 긴 시간 동안 차를 마셨습니다. 네 마리의 고양이와 함께 살고 있는 저희 부부는 그런 상황을 감내할 수 있을지 생각하다 보니 마음이 참 무거웠습니다.

지구별에서 고양이라는 존재와 제가 만난 것은 아주 특별한 사건입니다. 유한한 존재인 저와 고양이가 만나 함께 만든 배치는 오늘도 수많은 이야기와 사건들로 가득합니다.

외눈박이 고양이 또봄이는 오늘도 헉헉거리면서 고양이 낚싯대를 한쪽 눈으로만 열심히 뒤따릅니다. 아내가 흔드는 낚싯대를 쫓아 이리저리 춤을 추다가 지쳐서, 놀이가 사실은 다이어트용 유격훈련이라는 사실을 살짝 눈치 챈 것도 같습니다. 오후에 잠깐 낮잠을 자는 아내의 다리 사이에서 함께 잠도 자고, 모모와 패거리를 이루어 대심이를 쫓아다니기도 합니다. 그리고 저녁이 되자 엄청나게 졸음이 쏟아지는지 난로 앞에서 곯아떨어졌습니다.

똥꼬발랄 고양이 모모는 하루 종일 대심이를 끊임없이 따라다녔습니다. 아내가 낮잠을 자러 갈 때면 당연하다는 듯 옆자리에 누워 아내의 팔에다 꾹꾹이를 엄청나게 합니다. 특히 아내가 글쓰기 작업을 할 때 무릎 위에 누워 긴 시간 동안 잠을 잤습니다. 아내가 막내 또봄이와 한창 놀아주는 시간에는, 자기 앞으로 고양이 낚싯대가 지나가도 꾹 참고 또봄이에게 양보를 했습니다. 어제 저녁에 또봄이를 핥고 부둥켜안고 잠에 들었는데, 오늘도 또봄이 곁에 자리를 잡았습니다.

발라당 고양이 달공이는 늘 그렇듯이 제 무릎 위에서 아침을 시작했습니다. 제가 쓰다듬어주자 갸르릉 소리를 내면서 응답했고, 제 무릎 위에서 그루밍(grooming)도 열심히 했습니다. 기분이 좋았는지, 오후에는 발라당을 하면서 저를 기쁘게 했지요. 자신의 애착담요 위에서 늘어지게 잠도 잤습니다.

지혜로운 고양이 대심이는 오늘도 클래식을 들으며 꼬리를 살랑살랑 흔들며 박자를 맞추었습니다. 까치와 교신하는 일상으로부터 시작해 모모와 또봄이 무리를 피해 높은 곳에서 아슬아슬한 묘기 대행진을 벌이기도 했습니다. 오후에 대심이는 연구실의 가장 높은 자리에 올라가 잠에 들었다가도 제가 부르는 소리에 달려와 따뜻한 이불 속에 파묻힌 채 한참을 갸르릉 대다가 다시 단잠에 빠지기도 했습니다.

오늘날 기후 위기 시대는 분명 생명과 인간에게 비상사태임에 분명합니다. 거대한 둘레환경의 변화, 서식지의 파괴, 식생의 변화, 물 부족, 식량난, 자연재해, 대량 멸종 등이 본격화되었기 때문입니다. 이러한 생명의 위기는 저 자신의 실존의 위기이기도 합니다. 더불어서 저는 앞으로의 세상이 저와 함께 살고 있는 고양이들에게 어떤 세상일지가 상당히 걱정되었습니다. 태풍에 연구실 창문이 깨지면 고양이들은 어쩌지 하는 걱정도 들었고, 한여름 폭염을 고양이들이 어떻게 견디나 혹은 택배 대란에 사료와 모래 수급은 가능할까 등등 하나부터 열까지 걱정되지 않는 것이 없습니다. 생명과 자연은 수없이 많은 신호를 통해 이 지구가 비상사태임을 알리는 중입니다. 바이러스가 창궐하고, 자연재해가 엄습하고, 생물 종들이 대량 멸종하는 사태가 뉴스 메인을 장식하는 상황이지요. 생명과 더불어 살고 있는 고양이 집사가 먼저 행동에 나서야 할 때가 왔다는 생각이 드는 대목입니다. 바로 티핑 포인트입니다. 지금이야말로 발언하고 행동하고 실험하고 실천해야 할 결정적인 시점입니다.

작은 생명인 고양이는 그 실존을 통해, 그 자리를 통해, 그 배치를 통해 말하고 있습니다. 자신이 살아갈 수 있는 곳을 만들어달라고 말이지요. 고양이들이 행복하게 살 수 있는 세상은 분명 인간도 행복한 세상일 것입니다. 작은 고양이의 생명력과 활력을 존중하는 사회는 소수자와 여성, 이주민의 권리와 잠재력에도 눈뜬 사회일 것이기 때문입니다.

제가 지구별 고양이들 대심이, 달공이, 모모, 또봄이의 집사라는 사실이 크나큰 행운이라는 생각을 많이 합니다. 네 마리의 고양이들과 행복의 씨줄 날줄을 엮어 가며 살고 있다는 것 자체가 인생의 큰 의미입니다. 네 마리의 고양이들이 모두 잠든 연구실에서 저는 이 이야기가 누군가에 의해서 도처에서 계속될 것임을 예감합니다. 실험과 실천은 계속될 것입니다. 생명과 삶은 영원히 계속될 것입니다. 생명평화의 미래는 계속될 것입니다. 생명에 대한 사랑, 작은 고양이들에 대한 사랑은 영원성을 약속하기 때문입니다. 그것이 바로 반려의 참의미라는 생각도 듭니다.

이 책이 나오기까지 큰 도움을 주셨던 흐름출판 유정연 대표님과 조현주 팀장님께 감사드립니다. 더불어 전남대 윤수종 선생님과 평화와생명 동물병원 원장이신 박종무 님과 문래동의 캣맘이신 Mull 작가님, 태양슈퍼 할머니, '라이드앤타이드(Ride & Tide)'의 정주 님, '피스오브피스(Piece of Peace)'의 천근성 님, 어반아트의 이승혁 님께 감사드립니다. 무엇보다도 아픈 고양이들을 지극정성으로 간호하고 보살펴서 살아나게 한, 집사로서의 면모를 완벽히 갖춘 아내 이윤경 님에게 감사와 사랑을 전합니다. 별난 고양이 대심이, 달공이, 모모, 또봄이를 비롯해 열악한 환경에서 살아가고 있는 이름 없는 많은 길냥이들에게 이 책을 바칩니다.

더 읽어볼 책 목록

그레고리 베이트슨,《마음의 생태학》(박대식 옮김, 책세상, 2006)

린 마굴리스 · 도리언 세이건,《생명이란 무엇인가》(김영 옮김, 리수, 2016)

마르틴 하이데거,《존재와 시간》(이기상 옮김, 까치, 1998)

막스 호르크하이머,《도구적 이성 비판》(박구용 옮김, 문예출판사, 2006)

미셸 푸코,《성의 역사 3: 자기 배려》(이혜숙 · 이영목 공역, 나남, 개정판)

바뤼흐 스피노자.《에티카》(강영계 옮김, 서광사, 1990)

브뤼노 라투르,《인간 · 사물 · 동맹》(홍성욱 옮김, 이음, 2010)

빌헬름 라이히,《파시즘의 대중심리》(황선길 옮김, 그린비, 2006)

웬델 베리,《소농, 문명의 뿌리》(이승렬 옮김, 한티재, 2016)

자크 데리다,《환대에 대하여》(남수인 옮김, 동문선, 2004)

장 폴 사르트르,《존재와 무》(정소성 옮김, 동서문화사, 2016)

지그문트 프로이트,《문명 속의 불만(프로이트 전집12)》(김석희 옮김, 열린책들, 2003)

질 들뢰즈 · 펠릭스 가타리,《안티 오이디푸스》(김재인 옮김, 민음사, 2014)

질 들뢰즈 · 펠릭스 가타리,《천 개의 고원》(김재인 옮김, 새물결, 2001)

질 들뢰즈,《차이와 반복》(김상환 옮김, 민음사, 2004)

펠릭스 가타리,《기계적 무의식》(윤수종 옮김, 푸른숲, 2003)

펠릭스 가타리,《분자혁명》(윤수종 옮김, 푸른숲, 1998)

펠릭스 가타리,《정신분석과 횡단성》(윤수종 옮김, 울력, 2004)

펠릭스 가타리,《카오스모제》(윤수종 옮김, 동문선, 2003)

피터 싱어, 《동물 해방》(김성한 옮김, 연암서가, 2012)

칼 구스타프 융, 《칼 융이 본 프로이트와 정신분석》(정명진 옮김, 부글북스, 2018)

묘한 철학

초판 1쇄 인쇄 2021년 02월 8일
초판 1쇄 발행 2021년 02월 23일

지은이 신승철
펴낸이 유정연

책임편집 조현주 **기획편집** 장보금 신성식 김수진 김경애 백지선 **디자인** 안수진 김소진
마케팅 임충진 임우열 이다영 박중혁 **제작** 임정호 **경영지원** 박소영

펴낸곳 흐름출판(주) **출판등록** 제313-2003-199호(2003년 5월 28일)
주소 서울시 마포구 월드컵북로5길 48-9
전화 (02)325-4944 **팩스** (02)325-4945 **이메일** book@hbooks.co.kr
홈페이지 http://www.hbooks.co.kr **블로그** blog.naver.com/nextwave7
출력 · 인쇄 · 제본 현문 **용지** 월드페이퍼(주) **후가공** (주)이지앤비(특허 제10-1081185호)

ISBN 978-89-6596-427-8 03100